JN045715

大乗仏教の教育実践

よく学び よく遊べ おもいやり教育論

人は育て方一つで育つ

宇野弘之 著

山喜房佛書林

那須セミナーハウス

学園広場保育園 外観

学園広場保育園 園庭

保育の様子

電車サマーウォーズ号

ちはら台東保育園 外観

ちはら台東保育園 保育風景

おゆみの南幼稚園　外観

おゆみの南幼稚園　保育風景

敬老園サンテール千葉 外観

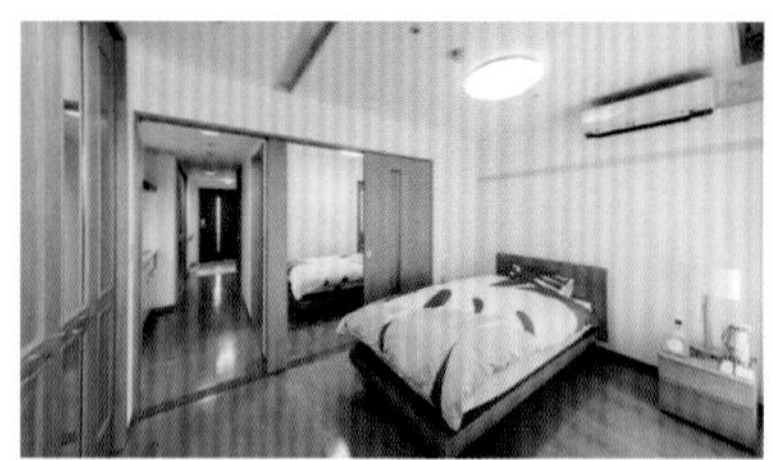

敬老園サンテール千葉 内観

敬老園ナーシングヴィラ浜野 外観

敬老園ナーシングヴィラ浜野 内観

敬老園ロイヤルヴィラ東京武蔵野 外観

敬老園ロイヤルヴィラ東京武蔵野 内観

千葉県庁際 阿弥陀寺本堂

阿弥陀寺 鐘撞堂

御開山 親鸞聖人

千葉東霊苑

千葉東霊苑　三重の塔

千葉東霊苑　合祀墓

国際医療福祉専門学校　七尾校

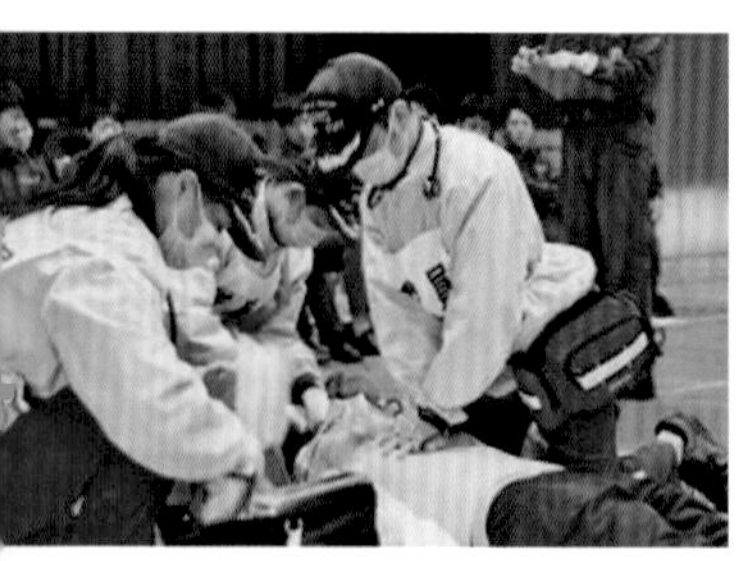

七尾校　救急救命学科　授業風景

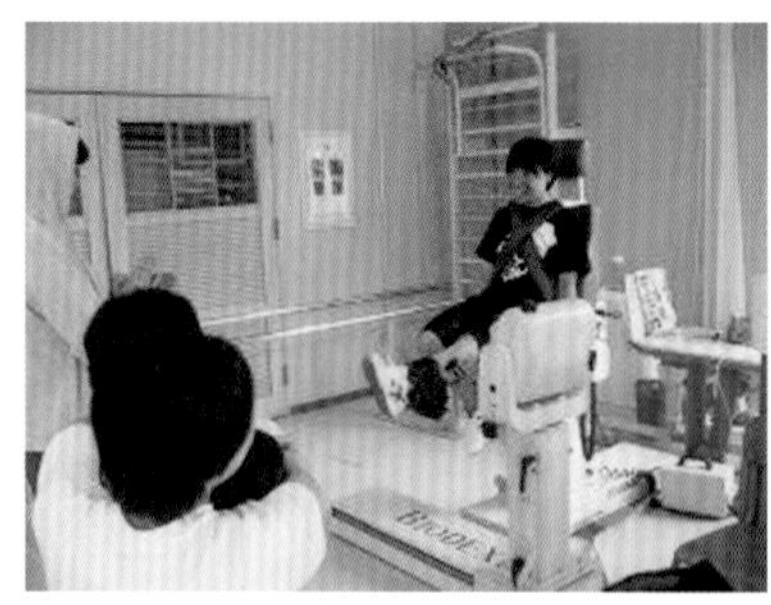

理学療法学科　授業風景

国際医療福祉専門学校　一関校　外観

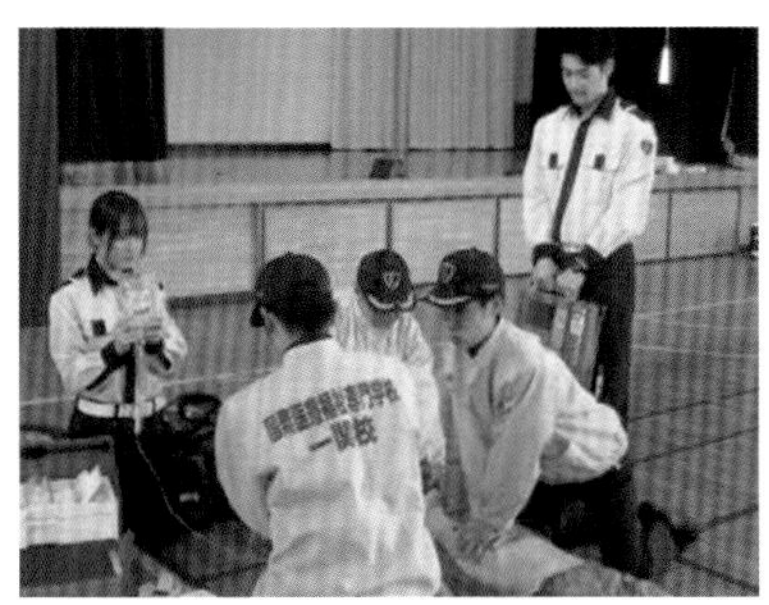

一関校　救急救命学科　授業風景

オンライン入学式（千葉校）

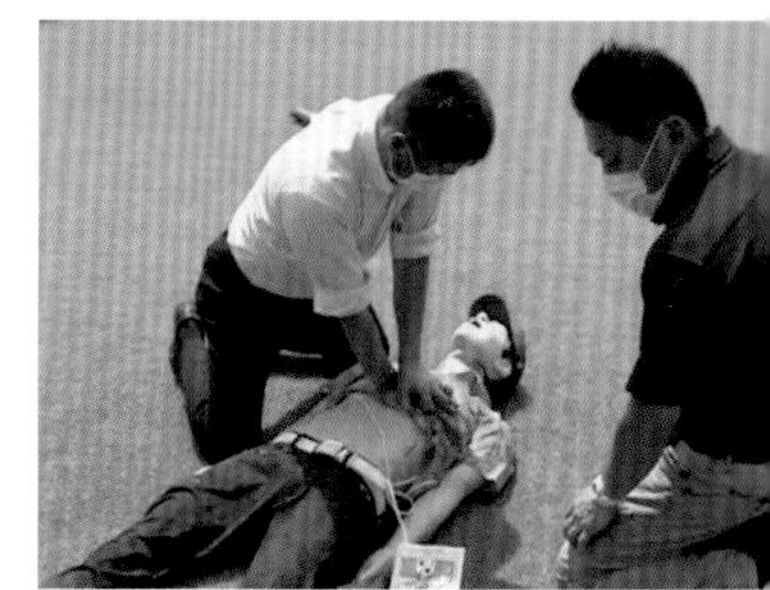

ドローン 人命救助実験（NHK放送）

市原令和おもいやり保育園 完成予想図

口絵　i
目次　xvii
はじめに　問題の所在……1

第一章　アイデンティティ形成不全の克服――11
第一節　総合学習はアイデンティティ形成の基礎……11
第一項　思春期、生涯決定の時間が訪れる　14
第二項　よく学べ人生の落とし穴　16
第三項　SDGs　国連サミット持続可能な開発目標　22
第二節　二十一世紀今日の学校教育の問題点……24
第一項　教育事始め　28
第二項　学校教育の現場の在り方に問題はないか　58
第三項　失敗は成功のもと　63
第四項　窮すれば通ず　73

第二章　学校のテーマは学生が魅力を感じる学校――76
第一節　教育者の心得……80
第一項　救命リハビリ教育の問題点　80
第二項　教育者のいろは　その一　84
第三項　逆説の思いやり教育論　86
第四項　児童発達支援事業所について　92
第五項　幼稚園・保育園施設万能主義の誤謬（ごびゅう）　93
第三章　大乗仏教の社会活動――99
第一節　一貫教育を願って……99
第一項　学園の夢　102
第二項　一貫教育構想　106
第三項　古城江観画伯記念館市原芸術文化の杜　115
第四項　初めてのオンライン入学式　125
第五項　令和おもいやり保育園起工式　130

第二節　未来ある子供の生きる権利をめぐって……137
第一項　児童虐待事件　137
第二項　ドローン人命救助実験　152
第三項　人間の心得　154
第三節　命の尊さ……163
第一項　苛めは今日も社会問題　163
第二項　生命の価値　171
第三項　猫ちゃんの癒し　アニマルセラピー　174
あとがき……180

はじめに　問題の所在

「よく学び、よく遊べ」という、私たちがよく聞き慣れた諺がある。

今、学校嫌いな子、不登校の子供が社会問題となり、地域社会は頭を抱えている。

子供たちにとって学校とはどんな所であろうか。

新年度、どんな先生がクラス担任か。先生との相性はどうか。

新しい学校、学級、クラスの雰囲気に馴染めるか。

授業についていけるだろうか。子供たちなりの心配を抱えている。

今の学校の在りようは「よく学べ」教育である。言いかえれば、勉強ばかりが人生ではないのに、学力、成績評価にその人物の価値がかかわっているとさえ言いうるような勉強第一主義である。お母さんも子供に「勉強したの」と口癖のように聞く。

　学校が楽しい所ではなく、不毛、土地が痩せていて、作物ができない成果の実らない、本当の意味での人間教育の現場になっていず、苛（いじ）めもあり、学校嫌いの不登校児、引き籠りの子供を編み出しているではないか。

こういう家庭教育、学校教育の欠陥を危惧する教育改革論もみられる。

家庭も心安らぐ場ではなく、食事して寝るだけの無味乾燥な生活の場になっていないか。教育観、子育ての仕方に各家庭は、それぞれ問題をかかえている。

よく学べ学舎としての学校教育になじめない「学校嫌いな子供」が、増加し学校へ行きたくないと口走る。

知識偏重教育は面白くなく、よく学べ方針に拒否感を示す。

学校が面白くなく、魅力を感じない。

「あぁあ又、明日、学校か」休み明けの登校を嘆く。

苛めが原因で、学校嫌いになった、と子供は言う。

楽しいはずの総合学習が小学校六年生まであるが、なぜか学校嫌いな子供が増加している。

一体なぜであろうか。

一言で言うと、遊びが足りない。運動が足りない。

一人一人の子供を大切に、楽しい幼児教育に四十年以上携わり四幼稚園を運営、多くの子供たちが育った私立幼稚園の理事長として悲しく思うことは、幼稚園では皆勤賞、精勤賞を貰った子供たち、子供らしく生き生きとしていたのに、小学校教育に耐えられず学校を嫌い、子供たちに息苦しさを感じさせ、義務教育が楽しさを奪っているのではないか。

終戦前の昭和十九（一九四四）年生まれの私たちが、高校三年間を終了し大学受験に挑戦した時、大学は狭き門であり、「四当五落（よんとうごらく）」と言われ、受験戦争は始まっていた。

一九七〇年代、ますます受験戦争が激化し、学力の一元的評価が生涯を左右する迄に日本社会に定着した。

時期を同じくして「落ち零（こぼ）れ」「苛（いじ）め」「不登校」問題が浮上し、不登校児は年々増加して、一九九八年には十三万人にもなった。

子供たちは「お受験」小学校の頃から有名中学校、高校へと進学する力を身につけることが求められて、受験戦争の最終段階の大学受験、よい大学に入れば、大企業に就職ができ、生活は安定する。そう多くの人は信じ、人生に挑戦した。国家資格を持っていると就職には有利である。そこで専門学校の評価が高まり国も評価し、入学生も増加、人気が上昇した。

受験産業、予備校は栄え、小学生まで皆が皆、塾通い。学力第一、よく出来る子は皆に評価される社会となった。

この今の社会状態、問題の所在に、私共は、逆説「よく遊べ学園」の存在が必要ではないか、と考えている。

子供たちの主体性による「自由遊び」の学校、一人一人の子供を大切にする「よく遊べ学園」の誕生が必要ではないか。子供たちが楽しいと喜んで取り組めることがあるはずである。

遊びが足りず、運動不足の状態、体の成長、健康保持、脳の発達にも、スポーツ遊びが大切である。

子供の頃、鬼ごっこ、缶けり、ドッジボール等で遊んだ楽しい思い出がある。

子どもが喜ぶ自由遊び、体を鍛えるスポーツ遊びが大切で、昼寝が必要なくらい思い切り遊ぶお楽しみの時間が必要ではないか。

既成の枠型に填(は)め込んだ取り組みでなく、子供たち一人一人が楽しく取り組める自由な学園、遊びの広場、その取り組みが学校教育に必要ではないか。

私共は、令和教育研究所を設立し、その研究活動を通してインターナショナルスクール「よく学べアイデンティティ形成学園」「よく遊べ自由学園」をスタートさせ、人間研究に取り組む計画をもつ。

子供たちの心情も考え、フリースクールではなく、いつでも小中高再入学が可能なインターナショナルスクール「よく遊べ自由学園」〈居場所〉の設置構想である。

よく学べ中心でなく「よく遊べ」自由によく遊ぼう学園の設置、〈居場所〉である。

子供の頃、時間も忘れて、日の暮れる迄、夢中になって遊びに熱中した日々を思い出す。村の放送から「夕焼けこやけ」の童謡が流れ、「カラスと一緒に帰りましょう」と帰宅を促す曲を聞いて友だちと家に向ったものである。自由遊びの時間、お寺の境内の木登り、神社の鎮守の杜の綱渡り、田んぼの蜆(しじみ)取り、冬眠する泥鰌(どじょう)を小川で捕まえ、蛙を地面にたたきつけ気を失うが、お医者さんゲンゴロウ君にて回復させる遊び等自然を満喫した自由遊び、村の子供たちとの心安らぐ楽しい時間が、生涯の思い出のみならず、生きる原動力となった。遊びを失い、学習塾に通う子供たち。親は学力向上、豊かな心の人間を願うが、逆の方向に向かっていることに気づいていない。

学び中心でなく、「よく遊べ」よく遊ぼう自由学園（居場所）の企画提案である。

千葉市緑区、誉田中学裏側の教育学園所有「阿弥陀の森」の四千坪を子供たちの遊び場として開放、活用する計画である。

動物アレルギーの子供もいるが、犬猫も子供の愛情を育てる。

養蚕、養蜂、養魚、スッポン、ナマズの養殖研究。目高（めだか）、鮒（ふな）、泥鰌（どじょう）、錦鯉（にしきごい）や熱帯魚などの魚を育てる。

ニワトリ小屋をつくり、庭に花壇、お花畑、家庭菜園には薩摩芋をたくさん植え、干し芋づくり、焼き芋パーティー。果実園での収穫の喜びを子どもたちと共に味わう。タケノコ林のタケノコ掘り、かぐや姫探しも行える。

この指とまれ！よく遊ぼう。自由学園（居場所）にどうぞ!!

集合場所は、アニメ『サマーウォーズ』で話題になった電車のある「ちはら台学園広場」である。

主体的に、学びに取り組む子　学校が楽しい子供たちもいる

誰にとっても孫はかわいい存在であるが、学習意欲を見せる子供もいる。

私どもの小学生の孫は、読書が大好きである。学校の図書を全て読了。よく物事を知っており、自ら学習塾を希望し、休まず通う。成績も向上、「勉強が面白い」という。お友だちもいる学校生活が大好きである。

三男の長女（私の孫）は、高校卒業時、クラスメートと共に、最初、東大を受験をしたが、自分の進路専攻も未決定で浪人をし、考え抜いた末進路が決まり医師を希望し、千葉大学医学部に今年、見事合格した。

私大医学部四校も合格、そのうちの二校は特待生、五人の枠に入ったが、自分から経済的負担の少ない徒歩十五分の国立千葉大学医学部に入学を決めた。

思春期には、モラトリアムの期間がある。自然にアイデンティティの形成、自分の好きな道が決まり、目標が自然に決まる。そして、夢が叶う。

「すごいね」と皆が異口同音に賞賛する。「本気でやれば夢は叶うね」と。

私の実の娘、二女も私大（ＩＣＵ）から東大大学院に進み、「東京大学の修士」の学位

を取得。英語もフランス語も堪能で、今、三人の子供を育てながら子供の為にオーストラリアに留学中である。

四男も東洋大学社会学修士の学位を取得、英語でコミュニケーションができる国際人である。

「保育士」「社会福祉士」「精神保健福祉士」等の国家資格に挑戦、自ら集中、努力をして、合格をし学習成果を示した。

いわゆる、目標達成に向う人生行路、生き方と言える。皆、それぞれ頼りになる。すごいと思う。

子どもや孫たちの世代の「よく学べ」、努力型の人生行路を否定をしている私ではない。学習意欲のある子は、好きな勉強に専念し、夢実現の人生を歩むのがよいと思う。

その一方、教育者の端くれとして近頃思うことは、学校を嫌い、不登校の大勢の子供の存在も見逃せない心情である。その存在、この大切な子供たちの居場所、総合学習の場、思いやり学習広場、よく遊べ学園の設置による人間性回復の必要性を今、感じているのである。

大切な一人〳〵の子供の人間性回復の道である。

「よく遊べ」は療法でもある

今、数百年の歴史ある寺の住職を自ら希望して、法城を守り活躍し、今は父親でもある五男が、自ら希望して東京の高校に通学していた頃、高校三年生の時、突然ある日「学校へ行きたくない」と言いだした。なぜ、とは聞かなかったが、「それならば、今日、札幌の敬老園に出張するから一緒に行こうか」そう誘って、飛行機で札幌に向かった。雪まつりのシーズンで、札幌駅からホテルに向かう途中、五分程タクシーの運転手に頼み、雪まつりの美しい光景を見学した。

夜八時頃であったろうか、雪景色に感動しながらも「寒いね」と暖かいタクシーに乗りホテルへ向かった。翌日、私は入居者との懇談会があった。

夕方には合流するので「一日思い切り遊んできな」と、充分なお遣銭を渡し、高校三年生の大学受験前の息子に、札幌駅近くで思う存分遊ぶ一日を勧めた。本人はゲームセンターとか、自分の好きなことをして楽しんだようだった。

夕方、仕事を終え、息子と札幌駅で合流した。

「どうだった札幌は？」

「楽しかったよ、僕、やっぱり学校へ行く」

息子は自分で私にそう言った。

お土産を買い、千歳空港より羽田へ、そして千葉の自宅へ帰宅したのだが、この札幌で遊んだ一日が、平常心を取り戻し、翌日から何もなかったかの如く、学校へ通学するのであった。

よく遊ぶこと、思いきり遊ぶことによって、平常心を回復する。よく遊べ心の療法、哲学である。

仕事が嫌になったら、よく遊んだらいい。

勉強が嫌になったら、思いきり一日、遊んでみると良い。自然と仕事、学校生活、平生の生活と回復の道を歩む気持になろう。

その後、息子は自ら大学に進み、お寺の住職道を希望し、家庭を持ち、活躍しているが、若き日のよく遊ぶこと、その遊びの効能を今、思い出す。

第一章　アイデンティティ形成不全の克服

第一節　総合学習はアイデンティティ形成の基礎

今日も小学校には、六年生まで総合学習プログラムがある。

この総合学習が、子供のアイデンティティ形成に重要な礎となると考えられる。

子供は十八歳、遅い人でも三十歳迄には自分の本当に行いたいこと、本当の自分自身を見つける。人生行路における自分探しである。私たちには今、ＩＤ形成の重要性が何よりも求められている。人生行路における生き方探しの旅であろう。

ＩＤ形成不全は、「ひきこもり」や「心の病」を誘発するともいわれ、総合学習によるＩＤ形成プログラムの重要性が再認識されねばならないのではないかと思う。

どんなプログラムが実践されているのか。

私共の小学生の頃は、本当にのび〳〵と恩師が総合学習の機会をお与えくださったことを思い出す。

恩師、梅村錞二先生は、学芸大卒の若き新任であった。五年生、六年生の担任でお世話になった。漢字を自ら学び、毎日、ノートを提出させる漢字教育、運動場での遊び、郊外学習と人生の基礎教育を当時、片田舎の愛知県挙母（ころも）市立西小学校でお教え頂き、今日の人生にも大きな影響を与えた。

「すごい先生がいらしたな」

と子供心ながら思った。妻も同じクラスメートである。

同窓会で恩師は、「今だったら、校外学習、山まで徒歩で出かけ、生徒と一緒に遊ぶ授業は校長の許可がでない」と語っていらした。そのお蔭で私共の今日があり、感謝の心、報恩謝徳の心に満たされ、感謝の念にたえないのである。

文字通り「よく学び、よく遊べ」教育であったと思う。

近年の子供たちには「よく学べ」教育が重点化されて優秀な子供を育てることが主テーマになっているように思える。「よく学べ」それもよいが、学校教育に更に「よく学べ学習」が加わって、皆が皆、学習塾に通い、幼稚園から通信教育と皆が熱心である。

塾に学ぶ。「勉強〳〵」「よくできる子」「成績がよくない子」で人間の評価がわかれる。子供の運動能力の低下、不足も問題となっている。学校が「よく学べ学園」になっていて、遊びの大切さが忘れられている。

不登校児が発生、増加している学校教育の現状、教育現場の在り方を鑑みると「よく遊べ学園」の要因も必要ではないかと思わせる。

学校嫌い、不登校児は、勉強のよくできる学校大好き人間に比べると、まるで義務教育の現場、教室を酸欠の部屋の如く息苦しく感じているであろう。社会通念にマインドコントロールされ非人間的な型にはめられ、不愉快と感じている状況にあろう。

総合学習が、自分の行いたいことを発見するアイデンティティ形成の礎となる。その大切さ恩師のお蔭を語ったが、六年生までの総合学習も「よく学べ学校教育思想」に支配されているのではと、危惧する一人でもある。

勉強や読書が好きで、自ら学習に意欲を見せる子供。学習塾を自ら希望して通い、楽しいと語る自主性のある子供は、それはそれとして賞賛に値し、良いとしても、休日には、父親母親がよく遊びにつれて行き充二分に遊ばせる生活、この遊びこそが子供には大切であり、遊びを楽しむ家庭の子供は、それが総合学習の意義をもち、遊びの効果は抜群、よく物事を理解し、知っている。「よく遊べ」の時間を与えてこそ「よく学び、よく遊べ」のバランスが保たれ、楽しい生涯を形成するのではなかろうか。

仕事に専念する大人たち、会社人間も最近は「働き方改革」といわれ、仕事も大切だが、休息をとるようにと家族思いの憩いの時間が提案されている。

バランスを願う「よく遊べ」生活スタイルの提案であり、仕事ばかりでは能率もあがらない。

教訓「よく学べ、よく遊べ」の奨励と考えるが、いかがであろうか。

第一項　思春期、生涯決定の時間が訪れる

ＩＤ形成、自分が本当に行いたいことが思春期に自然と決まる。

「医師になりたい」「救命士になりたい」

「リハビリ担当のＰＴ（理学療法士）、ＯＴ（作業療法士）になりたい」

「文学者になりたい」

人、それぞれの道、進路がおのずと決まるであろう。

夢叶うと信じ専門家の道を志す、「よく学べ」という自らを律する努力の結果が、国家試験合格に結びつき、救える命を救う救命士や、人の命を扱う医療福祉の専門職者、有資格者、医師やリハビリの専門家にもなれるであろう。

人の命を救う為の集中的な「よく学べ」努力が大切な日々に違いない。国試不合格では専門職者になれないからである。だから初心を貫き合格に至ること、夢実現をめざすことが必要である。夢叶うことを希望し、その目標に向かって念願を成就すべく、よく学ぶ自分を律した生活の重要性は言わずもがなであろう。

人として当然必要な息抜きの時間がそこにあって、「楽しい学園生活」その創意工夫が必要であろう。よく遊べ自由時間の有効活用が大切であろう。

私共の学園の「那須セミナーハウス」には、宿泊ルーム、レストラン、学習用教室も備え、楽しいキャンプファイヤーや「平成の森」等の山歩き、その先の温泉入浴など、リゾート環境を活用した楽しい学校生活創出の為の学校の施設がある。宝の持ち腐れでなく、その活用、創意工夫のある楽しい学園生活、実践活動、創意工夫が望まれ求められている。

教室の学習カリキュラムの取り組み、国試百パーセント合格、専門職者に向けての「よく学べ教室」も必要であろうが、楽しい学園生活の思い出をつくる「よく遊べ」カリキュラムも学習効果をあげ、人間の幅をつくり、社会生活を楽しく過ごす人生の智慧を与えるであろう。

那須セミナーハウスその活用、バーベキュー大会、花火、サマースクール、釣りなど楽しい学園生活の創意工夫が望まれている。

第二項　よく学べ人生の落とし穴

蒔かぬ種は生えぬ

古くから人々に言い慣わされた先人の教訓「よく学び、よく遊べ」という諺を、私たちは「よく学べ」と理解し、その信条にて、社会、学校教育、家庭にあっても、成績の良い子をめざし、評価される進学率の高い学校へ進学し、なぜか皆勉学に勉む。

努力こそ栄光の道であり、「末は博士か大臣か」よく学べば、豊かな生活が待っていると皆が皆、向学の道を薦め、頂上をめざす。

私の知る或る家庭は、父親は、東大出身。銀行頭取として活躍し、定年を迎えた。長男は、東大の最優秀賞者ゴールドメダリスト、次男も東大農学部、英語も達者で国際社会に充分活躍できる頭脳の持主である。妹はピアニストをめざし米国に留学し、後に日本で活躍する某有名ピアニストと競い、負けて挫折し、心の病におちいり、生涯、父と共に私共の有料老人ホーム敬老園で暮らし、周囲の皆に大事にされて、天寿を全うし、長寿な人生をすごしたのであった。

長男は「よく学べ、もっと学べ」と専ら勉学に専念し、東大卒業後即、心病む人たちの通所デイサービスに通う身になった。自らが導いた秀才の結果であった。

世の中には、優秀な人、上には上の人が多々人がいるもので、恵まれた才能の持主のその姿は「よく学べ」型の人生行路に違いない。天才と狂気は紙一重とも言われるが、「よく学べ、よく遊べ」という人生の教訓を思い出さずにはおられない。

「学問は面白い、楽しい」は、よく理解できるが、度が過ぎると、よく学べ人生には落とし穴があることが知らされる。

即ち「よく学び、よく遊べ」この「よく遊べ」という片方の教訓が忘れられ、知識偏重に傾注しすぎると、このアンバランスが、私たちの人生を歪んだものにして、不健康な社会生活がそこに顕在化する。

今日の社会は、社会も学校も、よく学ぶ子供たちを賞賛する。学びの結果、良い成績を取ると評価され、本人も笑顔になる。

「よく学べ学舎(まなびや)」その存在意義の大切さは、医師、弁護士、大学教授、それぞれの道は努力の賜であることは皆が皆、よく理解している。

栄光の道を進む能力に恵まれ、磨く、向学向上の人生行路の大切さはよく理解できる。

よく遊べ、バランスのある生活の大切さ

学校嫌いの子供が増加し、社会で問題になり始め、増えゆく社会現象に地域も頭をかかえている。その実情は既に述べたが、「よく遊べ教育とのアンバランスの克服」が教育に必要、と理解されたのか、文科省もフリースクール等の小学校を教育制度で認め始めている。

そこには不登校、ひきこもり、学校嫌いの子供の存在、その増加の現実がある。

「幼稚園は楽しい」と語る笑顔の子供たちが、なぜ小学校にお世話になると、成長と共に学校嫌いになり、なぜ不登校児となるのか、不思議でたまらない。

何かその原因があるはずである。

子供の目線から見て、教室を息苦しく感じさせる何かがあるのではないか。

「○○してはいけない」という規範が優先し、子供らしさが失われる息苦しい模範生評価クラスになっていないか。陰湿な苛(いじ)めもあるらしい。

フリースクールではなく、インターナショナルスクールID形成、「自由学園」（よく遊べ教室）の設置が望まれている。学園の名称も差別されないことを配慮する必要があり、その為、少々アカデミックにしてインターナショナルスクール、「ID形成、自由学園」（よく遊べコース〈居場所〉）が良いかなと私自身は、思量している。

小中学校に復学する際も制度上、学校側が受入可能という現状もあり、子供たちの利益を守る安心安全な教室でもある。

基本的には、まず「阿弥陀の森教育学園広場」に、子供たちの〈居場所〉をつくる。

「よく遊べ自由学園」の創設が子供の心安らぐ救いの場になるに違いない。

文字通り子供の趣向、やりたいこと、自由遊び、勉強せぬことを咎(とが)めぬ、自由な子供たちの居場所の創設である。

勉強は嫌いだが絵を描くことは大好き！

子供一人〳〵が何か光る才能を持っている。芽生えであってもそのことを発見し大切に育てることができたらと、思わず「この指とまれ」、まずは息苦しさ、酸欠状態の解消が大切と、子供たちへの思いにかられる。

マハーヤーナ精神による救済実践活動とも思える。

私がよく口にする「マハーヤーナスクール」とは、大乗仏教のあらゆる人をもらさず救う、という「諸人救済」の精神による企画であることを明らかにしておきたい。

生きる権利

健常な子供と共に、生活に障害のある子供たち、ハンディキャップを持ち成長する人々もいる。

社会福祉の教科書には、欧米には生活障害者が人口の二割いる、と記されていたことを、学生時代に学んだことを思い出すが、今日の日本は欧米並みであり、例外の国ではなさそうに思える。

知的、精神、身体の三障害の人々が暮らしている。

社会生活の為の住まいと働く場、自立生活支援訓練施設が必要である。

通所デイサービスB型、或いは少人数のグループホーム（住居）も必要であり、その人らしく生きていく道、生き甲斐喜びのあるその人らしい暮しが必要であろう。

人権、即ち、生きる権利から言えば、全く人間として同等な生存権も幸福追求権もある私たちと同じ人々である。差別してはいけない。

先進国である我が国の社会福祉政策は、資本主義の経済システムの欠陥の補充、補完であるといわれ、社会福祉政策として社会の歪みに改善が加えられ向上、充実の道が補完されている。わが国は先進福祉国家である。

経済を国の柱、豊かさを願い、戦後、見事に復興を成し遂げた経済大国日本、主権在民の福祉政策は、二十一世紀に至りその充実に、大きな変化を見せている。

私は、日本はすばらしい成熟先進国家であり、日本に生まれてよかったと、大勢の皆と共に生きられる成熟社会を素直に喜んでいる。

第三項　SDGs　国連サミット持続可能な開発目標

私たちの住む現代社会は、今どのような問題を抱えているのか、その問題を発見し、解決の叡智を発見する課題があるように思える。

SDGsは二〇一五年九月の国連サミットで採択されたもので、国連加盟193カ国が、二〇一六年から二〇三〇年の十五年間で達成するために掲げた目標である。

SDGsとは「Sustainable Development Goals」の略称であり、「持続可能な開発目標」を意味する。

1. 貧困をなくそう

あらゆる場所で、あらゆる形態の貧困に終止符を打つ

2. 飢餓をゼロに

飢餓に終止符を打ち、食料の安定確保と栄養状態の改善を達成するとともに、持続可能な農業を推進する

3. すべての人に健康と福祉を

あらゆる年齢のすべての人の健康的な生活を確保し、福祉を推進する

4. 質の高い教育をみんなに

すべての人に包摂的(※)かつ公平で質の高い教育を提供し、生涯学習の機会を促進する

5. ジェンダー平等を実現しよう

ジェンダーの平等を達成し、すべての女性と女児のエンパワーメントを図る

6. 安全な水とトイレを世界中に

すべての人に水と衛生へのアクセスと持続可能な管理を確保する

十七の大きな目標と、それらを達成するための具体的な一六九のターゲットで構成されている。

この六つの目標を見ていると、貧困や飢餓、健康や教育、さらには安全な水など、わが国の問題のみならず開発途上国に対する支援にも見える。

SDGsを理解するときに、十七の目標、一六九のターゲット、さらにその下に二三二の指標があり、三階建てのビルだと考えると分かりやすいかもしれない。

SDGs。エス・ディ・ジーズの十七の目標中、

三　すべての人々に教育と福祉を

四　質の高い教育を皆に

七　クリーンエネルギーを皆に

7. エネルギーをみんなに そしてクリーンに
すべての人々に手ごろで信頼でき、持続可能かつ近代的なエネルギーへのアクセスを確保する

8. 働きがいも経済成長も
すべての人のための持続的、包摂的かつ持続可能な経済成長、生産的な完全雇用およびディーセント・ワーク（働きがいのある人間らしい仕事）を推進する

9. 産業と技術革新の基盤をつくろう
強靭なインフラを整備し、包摂的で持続可能な産業化を推進するとともに、技術革新の拡大を図る

10. 人や国の不平等をなくそう
国内および国家間の格差を是正する

11. 住み続けられるまちづくりを
都市と人間の居住地を包摂的、安全、強靭かつ持続可能にする

12. つくる責任 つかう責任
持続可能な消費と生産のパターンを確保する

八　働きがいのある人間らしい仕事を推進
一一　住み続けられる街づくりを
一三　気候変動対策
一四　海の豊かさを守ろう
一五　陸の豊かさを守ろう
一七　パートナーシップで目標を達成

を念頭に政治も私たちも活動をしていく必要性があると思われる。

第二節　二十一世紀今日の学校教育の問題点

現代の学校教育について次のような問題点がよく指摘される。

一　学校の主人公は誰なのか

13. 気候変動に具体的な対策を
気候変動とその影響に立ち向かうため、緊急対策を取る

14. 海の豊かさを守ろう
海洋と海洋資源を持続可能な開発に向けて保全し、持続可能な形で利用する

15. 陸の豊かさも守ろう
陸上生態系の保護、回復および持続可能な利用の推進、森林の持続可能な管理、砂漠化への対処、土地劣化の阻止および逆転、ならびに生物多様性損失の阻止を図る

16. 平和と公正をすべての人に
持続可能な開発に向けて平和で包摂的な社会を推進し、すべての人に司法へのアクセスを提供するとともに、あらゆるレベルにおいて効果的で責任ある包摂的な制度を構築する

17. パートナーシップで目標を達成しよう
持続可能な開発に向けて実施手段を強化し、グローバル・パートナーシップを活性化する

主人公は教師である。子供、生徒ではない。教師中心主義の考え方である。子供が興味を持って自ら学ぶというより、あらかじめ教師によって用意された内容を、全員一斉に学ばせられる。その企画によって静かに机に座って、一日中の大半をすごすことになる。苦痛に思う子供もいる教育現場である。

二　教師中心の一斉授業

多人数クラス授業は、子供の個性や個人差はほとんど度外視されて、教育全体が画一的である。個人差や一人一人の興味等ほとんど無視する画一主義である。子供たちは教科書の中身の記憶量という尺度で評価され、序列化され、選別される。「学習意欲のない子」「できない子」それは、望ましくない子という評価にもなる。

三　既成の知識の暗記に異常な程の力が注がれる

その結果、覚えることは得意、しかし自分で考えることは不得手になる。暗記中心の教育では、知性、つまり創造的に考える態度や力は育ちにくいのではなかろうか。

四　自分自身の智慧をもとに創意工夫をし創造的人生をつくり出す機会がほとんどない

知識の量は多くても、自分で考えられない子供、思いやりや実際的な共に生きる知恵や姿勢に乏しい子が育つ。そこには「苛め」も見られる。

望むらくは、自分で考える態度をもち、共同生活の中で民主的な行動の術を学ぶ子供たち、苛めのない学校生活が望ましい。このことは申す迄もないことかも知れない。学校は「勉強ができて、明るい頑張る子」という理想を強いられているかの如く見える。

五　今日の学校教育の常識として

一　人格の完成をめざし、学校に行くScooling

二　先生は教え、生徒は一方的に教わる。

三　では、学習とは何か。教科書の中身を取得すること。

教師による効率的な知識と技術の伝達、教科書が最善の教材であり、よい学校評価は、よい上級学校、名門校に多くの生徒を進学、入学させる学校であり、私の言う「よく学ベスクール」型の学校教育が世に幅をきかせている。

偏差値中心教育の一番の特色は、教科書の中身の記憶量が子供の能力を判定する為の最善の唯一の尺度であると、よく言われる。

四　年齢別のクラス編成、グルーピングされる縦割りクラスの採用はどうか。

五　自由遊びを奪っているのではないか。一クラスに一担任。専門分野をもつ専門家もすばらしい教師になり得るが、学校教員は、教員免許を持たねばならない。必須である。教師であるがゆえに偉い、というプライド、自負がある。

六　体験学習の欠如

教室の中で黒板、教科書、ノートパソコン等を使って伝達するという形で行われる授業は、知識や徳目の伝達を目的とする書物中心、デスクワーク中心主義に見える。

七　体験学習が必要ではないか、子供たちにとって魅力のある学校にする必要性がある。苦痛の種に学習者側はなっていないか。

同じく教材を与え、教師の話しが理解できなくても、生徒はじっと静かに座っている。学び舎は苦痛の場となっていないか。

魅力のある学校にする創意工夫が必要であろう。

第一項　教育事始め

教師も学生も人間の心得として身につけたい教育のいろは

一　どんな人間を育てるか。

教育のいろはは、挨拶に始まると言われる。「おはようございます」「こんにちは」人間のコミュニケーションにとっても、大切な一言である。挨拶なし、知らんぷりは、不和対立の原因にもなろう。教師も学生も人間の心得として身につけたい教育のいろは、大切な事柄である。

大切なものはたくさんあるが、お世話になったひとに「ありがとう」と言える人、「ありがとう」の一言を私たちの学園の教育の目標の一つにしている。

祖父母のみならず、いろ〳〵な方に一生の間にはお世話になる。人は一人では生きられない。物が欲しいわけではない。「ありがとう」の一言、感謝の一言が望まれる。

建学の精神　教育理念、目標

私共の学園の建学の精神、教育理念は、何よりも大切なのは「生命への畏敬」「生命の尊厳」「地球より重いといわれる人の命」その大切さの認識、自覚を第一とする。人命救助教育、助けることのできる命を救う、この理念が現代社会に甦えねばならぬと考えている。生命軽視の現代社会である。救える命を救う実践活動が大切であると考えている。

建学の精神は、財産と生命を守る「生命への畏敬」が柱である。

一　国家identityとしての生命への畏敬、人命救助の大切さを高揚したい。

二　頭は発達するが、心は衰弱する教育があるとするならば、頭でっかち、知識偏重の物知り人間が誕生することになるであろう。

うつ病百万人時代といわれ、心病む人が増加している。アイデンティティを形成し、心の糧をもつ豊かな心ある人間、その教育が大切であるということにもなる。

三　先人の仏智、智慧に人間としての生き方を学ぶ。

Identity形成不全の超克である。

私の好きな「それが為に生き、それが為に死すことができる」イデーの発見である。

仏教の哲学的思惟、その理解、大乗仏教の思想とその実践、信仰と実践、主体性を身につけた初心を貫く心ある人間の育成を目指すことが重要であると考えられる。

安心立命、心の拠り処、心の糧を得た人間を育成する必要がある。

四　見て見ぬふりの民衆救済を放棄した自分本位の主我主義の人間を育てぬように戒め、人々の痛みを自分の痛みと感じられる思いやりの心のある人間救済道に生きる社会貢献型の人物を育てる必要がある。

五　現代社会の諸問題、その所在の発見、問題解決の道をめざす積極的な人間の育成。

地域社会に貢献するバイタリティーのあるチャレンジ型の共生人間、共に生きる社会の人材、リーダーの育成を目指す必要がある。

言いかえて見ると、少子高齢人口減少、少子社会を始めとする地域の課題解決、地域活性研究を主テーマとして、その地域おこし対策、叡智獲得に力量を注ぎ、街、人、仕事創生の基本方針に取り組む生きる人々に道を切り開く、利他行動を標準とする人物、社会人の育成である。

地域の産業や文化への理解を深めると共に、人材不足企業への就労、雇用の確保、その活性化にも努める。

大きく変わりゆく社会の動向、ニーズに答え移住者を呼び込み住民増加に向け、子育ての環境整備にも尽力、人材育成を通して地域社会に貢献する。地域活性化、地域創生をテーマとした学校教育に取り組むことが大切であろう。

大切な学生生活にあって、幅広い教養科目学習により、地域社会の課題を発見し、地域社会にどう貢献できるか、主体的な生き方を探訪する。

六　Public safety（公共の安全性）。「命は地球より重い」と言われるが、安全な日本社会の構築を理念とする。

生命を尊び、人命救助日本一の救命の街を目指し、高齢者や小中高生に人命救助の大切さを教育し、人間の尊厳、思いやり、助け合い、和を敬う教育を実践できる心ある人を育てたい。

七　国際基準に合致した英語コミュニケーション能力のある人材を育て、ボルダリング、ヒップホップダンス等人生を楽しむ、健康長寿につながる二十一世紀型若者を育成したい。

生命への畏敬、人命救助教育は、当学園の建学の精神の一つでもあるが、救命蘇生技術の修得、学習は、全員に必須である大切な事柄である。

又、若者の定住、スポーツ救命教育、青少年アスリートの育成教育も課題にあろう。

英語を話せる救命士、セラピストを始め、グローバル社会に活躍できる人材その英語コミュニケーション教育が重要であると考える。

八　どんな人物を育てるか。

教育理念、教育の事始めとして、課題解決に取り組む。初心を忘れぬ、主体性、自主性のある積極的に活躍する人間を育成する。

二十一世紀少子高齢日本社会は、東京や大都市に人口が集中して、地方は人口減少の悩みを抱えている。地方創生、地域活性化が重要課題となっている。

地方をどのように元気にするか。地域おこしが求められている。そこで一人一人の志ある人々がふる里の活性化にどのように貢献できるか。

地方創生研究に取り組み、問題の発見、課題解決、地域安定の為の創生、人口増、活性化に取り組むことを教育理念、目標に致したいと思う。

国は出生率二・〇を目標に、多くの施策を提言し問題解決に臨んだが、平成の時代三十年間は未解決に終わり、令和の時代を迎えている。

地方・地域創生、活性、地域おこし、この重要テーマ、社会貢献理念を第一命題とし、共に社会貢献を考える学園に致したい。建学の精神でもある。

九　戦後わが国は、経済政策を国の柱として先人の勤勉・努力のお蔭により世界第三位の経済大国として発展を遂げ、豊かな成熟社会を迎えている。

世界一安全な国といわれる日本社会、今日の社会現象を見ると虐待、苛め、オレオレ詐欺、盗賊、殺人事件が頻発し、なんか大切なものを忘れ失いつつある世相の印象をぬぐえない。

インターネット情報社会による経済合理性、生命軽視の社会傾向に学問の基礎、哲学を学び、日本仏教文化の伝統や歴史、東洋思想、人間の大切な心得を身に付け人間性回復蘇生に取り組み、安全な社会パブリックセーフティに貢献する人間教育を実践する教育方針を望んでいる。

十　学問の基礎は哲学にあり。

人間学と表裏一体にある人を育てる人間の教育、基礎は、人間学、哲学である。

(一) 主体性を持って生きる人間の形成、実存的主体の形成をめざす。

(二) 教育は、主体性の形成回復をめざし、人生に建設的態度、活動の基本的態度に生きんとする意志、自己実現の道、生産的創造的心の体質としての喜びに満たされる持前を形成する喜びに達せしめる教育道が望まれる。

(三) 悩むこと、それは、人として生きるということ。

悩むことによって人として成長を遂げ、人の痛みを理解し、人と人との間の対人関係、コミュニケーション能力が育つと考えられる。猫は悩まない。人は悩み、そして、成長してゆく。

(四) 人間の身を得て悠久な仏教の歴史、祖先の叡智、先人の智慧を学び、人生の喜びに恵りあうことを希望する。

(五) 現代人の憂鬱、文明病は人間性の喪失、主体性の喪失にある。

つまり、生きていく意味を見失い発見できず、人生には意味も何もないというニヒリズム(虚無主義)その超克、実存的主体の回復課題があると思量する。

若き世代の人々には主体性、アイデンティティの形成課題がある。教育は、忘れかけていた忘れてしまった、人として大切なことの目覚める覚知、覚醒を促す。人間が人間に目覚める、自己自身に目覚める人格形成の道でもある。

㈥　身心一如の人間存在

求道心の枯渇、心のバランスの不均衡が見られ、心の依り処をもたぬ、引きこもる人間、独居老人、孤独者が見られる。生老病死の人生の超克、永遠の生命の発見という課題があろう。

十一　人間の心得として、お世話になった人に「ありがとう」と言える人、今日あることのお蔭、養育の御恩を忘れぬ、知恩報恩の心のある人づくりが求められている。報恩謝徳は人間としての心得の原点であろう。怨念、うらみのかずかず、互いに恨む、恨みっこは、仕返しをしてやりたいという気持ちを持つことになり、残念なことである。

十二　家庭が最も良き教育の場であり、家庭には、何よりも和が大切である。家庭不和は禁物。心のつながりのある親心、子心、兄弟の情その心のやすらぎが何よりも求められる。言いすぎは良くない。口は禍の元である。

十三　社会の動向、課題への関心が大切であり、課題の研究、叡智による解決が求められている。実践地域社会貢献に汗水を流す、ふる里思いの心ある人間教育をめざす必要がある。

以上、学園教育目標、教育方針教育の根本、指針により、地域社会貢献に活躍し、感謝される人づくりをめざすことを建学の精神と致したいのである。

この理念に基づいて、学園グループ全体に地方創生人間教育学科を設置する。新学科は、令和三年四月開講予定である。

四年制（大学院に進学可能な「高度専門士」学位取得をめざす）

【学習基本方針】

アイデンティティの形成が人生何よりも大切である。

自分が生涯を通して行いたい課題を発見し、それが為に全存在を投入し、積極的に生きることができるようなアイデンティティの発見、形成が大切である。

ＩＤ形成不全は、人生を無味乾燥にし、社会病理発生の原因になるとも言われている。

そこで、大切な思春期、青年期に重要課題である己の能力と関心を鑑み、基礎学としての哲学、幅広い教養素養を身につける。専門職者と評価される学習をして、就労の道へと進む。教育体系には卒論を、研究テーマを定め、指導教員のもとに各コース共、文章にて問題の発見、認識、解決の智慧を見つけ、地域社会に貢献できる人として成長する。

就労して生活の糧を得る為には資格を取得せねばならず、自らの進路コースを決め、初心を忘れず主体的に意欲的に学習に取り組む必要がある。

学習者主体の学校である。教職員はその主体性、自主性を育てるアドバイス、指導を行う学校方針である。

当学園の教育ポリシー

本学の建学の精神は「大乗仏教」の忘己利他精神に基づく、あらゆる人を一人残さず救う大乗仏教精神にある。グローバルな視点をもって地域社会に貢献する人材を育成する。

民衆救済、衆生済度の願いがある。

仏教精神、人間の尊厳の精神により他者の心を理解し、命の大切さを第一に思いやる心をもち、現実社会に生きる人々の身の回りの社会の課題をよく理解し、課題解決に取り組む。豊かな心をもって働くことの喜び、生き甲斐を感じられる人材を育成する。

大切な学生生活にあって、幅広い教養科目の学習により、地域社会の課題を発見し、地域社会にどう貢献できるか、主体的な生き方を探訪する。

どんな人間を育てるか。教育理念

(1)Public safety（公共の安全性）。「命は地球より重い」と言われるが、安全な社会形成を理念とする。

生命を尊び、人命救助日本一の救命の街を目指し、高齢者や小中高生に人命救助の大切さを教育し、人間の尊厳、思いやり、助け合い、和を敬う。教育を通して心ある人、良質の人間を育てたい。

国際基準に合致した英語コミュニケーション能力のある人材を育て、ボルダリング、ヒップホップダンスなど人生を楽しむ、二十一世紀型若者文化社会を育てたい。

尚、生命の畏敬、人命救助教育は、当学園の建学の精神の一つでもあり、救命蘇生技術の修得学習は全教職員必須となる。

一　初心を忘れず、生涯を通して情熱を傾注できる主体性、本当に自分の行いたいこと、初志を貫徹できる問題発見、解決の道、その叡智の学習。

二　共生思想（共に生きる社会）として生活障害者の自立支援、農福連携が地域の活性化に、役立つ。地域社会と共に三障害者の農福連携、自立支援研究実践に取り組む。

三　地域経済を支える観光、中尊寺など地域文化遺産、世界遺産の学習を通して、国内観光客へのおもてなし、ホスピタリティ、人間力ある人材を育成する。

希望者には各種ライセンス取得の道がある。

㈠　全国通訳案内士、英語・中国語グローバルなコミュニケーション可能な国際派人材、活躍人材を育成し地域活性化に貢献する。

㈡　国内旅行業務取扱管理者

㈢　総合旅行業務取扱管理者

㈣　旅行管理主任者資格の取得をめざす

社会起業家にはグローバルコミュニケーション能力のある語学力が求められる。

ローカルスクール脱皮、グローバル社会のグローバルスクールとして留学生を受け入れる。

福祉現場、観光起業など地域にとどまり活躍できる融和型の人材育成を目指す。

国際コミュニケーション能力育成教育が大切であること。

四　健康が何よりも重要である。人々に人気なスポーツの振興が楽しい学園生活を形成する。スポーツアカデミーとしての学園の特色と致したい。

アスリートの入学を歓迎し、スポーツの振興を通して健康長寿学、生活習慣病予防、医食同源、ダイエット教室も実施する。

幼、小、中、高生、中壮年、マスターズスポーツ大会にも参加。スポーツ救命、救命日本一の地域社会をめざし、救命蘇生法の普及にも努める。

ボルダリング、障害者スポーツの理解二二種等々の実施も考えられる。

教育学園の三つのポリシー

一　エントランスentrance（入学）ポリシー

㈠　初心忘るべからず

初めに思い立った時の初学の心を生涯貫く不退転位の決意、魂、心の形成、確立。学問の基礎としての哲学、人間学、先人の智慧の学習基礎学習が大切である。

㈡　ほんとうに自らがめざすアイデンティティの発見形成、主体性の確立。万学の女王、哲学を基礎として人間学の心得、アイデンティティの形成、初心を忘れず貫く、主体性自主性のある積極的な人間を育成する。

二　カリキュラムポリシー

㈠　大切な専門職者の倫理の確立。倫理違反によって失脚する。全てを失うことのないように、なぜ倫理が必要なのか考える。落とし穴がある。

専門職者としての知識技術、専門職者の倫理を身につけることが大切である。

㈡　実践政経講座

将来政治家を志す方は、政策政治経済の学習を。

公務員　政治家秘書など政治貢献希望者の育成。やがて議員の夢を。

(三)　地域おこしグローバル観光コース

全国通訳案内士（国家試験）　国内旅行業務取扱管理者（国家資格）　総合旅行業務取扱管理者　旅行主任者国家資格取得をめざす　国際コミュニケーション能力の育成教育

地域活性起業家の育成　救命蘇生法の学習も必須となる。

国際教養観光世界遺産の学習

a　国内旅行業務　総合旅行業務取扱管理者　取得チャレンジ

b　地域活性　蛍の里　カブトムシ　自然保護　ジビエ料理など地域活性研究　陶芸教室

観光客　地域経済の活性化　再生プロジェクト　定住推進　定住人口増対策　国内外観光ライセンス　英語中国語コミュニケーション　旅行会社就職及び社会起業家の育成

グローバルコミュニケーション、ローカルスクールからグローバルスクールへ、英会話、中国語コミュニケーション、その語学力の職業への応用。

国内外ツアーコンダクター、地域活性、観光おもてなし業務従事者を育成する。

カナダブリテッシュコロンビア大学、中国山東省外語学院への留学制度がある。

地域社会貢献、地域活性化への取り組み、人材不足の各福祉分野への就労奨励をめざす。

高齢福祉施設への就労と共に、障害者へのおもいやり、手話の取得、パラリンスポーツ等の振興、自立支援、農福連携、地域活性化の取り組みを行う。

三　ディプロマポリシー

建学の精神に基づき、他を利する愛他精神、円満な人格を形成、生活の知恵を身につけ、生活の糧を得る職業を最重要と考える。

ディプロマdiploma　専門職者のライセンス、及び学位取得に向けて、知識、実務、技術の習得を行う。

学生の目線より見て魅力ある学校、学生に選ばれる為には、出口が大切であり、自分の能力を鑑み、実現可能な資格取得にチャレンジをして、地域活性、地域定住型、職業、起業家をめざす。

学習者の利益

一　高度専門士学位の取得、進路は選択自由であるが大学院への道、修士、博士学位の道が開ける。更に専門性のある学問研鑽の道もある。

二　福祉系　ライセンス取得の道（人手不足）

大乗仏教民衆救済学研究コース　四年間の学習により「高度専門士」学位を取得「社会福祉士」「精神保健福祉士」養成校　一般課程及び通信制を設置「社会福祉士」「精神保健福祉士」資格取得をめざす。

卒業と同時に「単位取得証明」「卒業見込証明」にて国家試験受験そして合格が可能である。

社会福祉施設　グループホーム　各種福祉施設就職が可能である。

大乗日本仏教民衆救済学学習コースを設置する　大乗仏教の民衆救済活動の研究である。

人文科学の視座による研究、政策制度の研究である。

学解の仏教学にあらず

1　古代奈良朝の民衆救済活動研究
2　平安朝の大乗仏教民衆救済活動研究
3　中世・鎌倉期の大乗仏教民衆救済活動研究
4　近世・足利室町期の大乗仏教民衆救済活動研究
5　近代・明治期の大乗仏教民衆救済活動研究
6　大正期の大乗仏教民衆救済活動研究
7　昭和期・戦後民衆救済活動研究
8　アジア仏教民衆救済活動研究

以上のカリキュラムにて、民衆救済の思想、信仰と実践事例を学習し、地方創生人間教育学科にて福祉の心を身につける。

卒業後の就職に備えて

福祉系ライセンス取得も必要であろう。

㈠　学生主体の地域おこし協力隊　地域おこし研究隊　農地付き空き家への移住　アウトドアライフ　Outdoor life　愛好会

戸外にて自然にふれあいながらスポーツや趣味を楽しむ　自然保護　蛍の里　カブトムシ　ジビエ料理　海産物　キャンプ　釣り　バードウォッチング　花火大会　音楽会などの各種イベントによる地域おこし

㈡　スポーツ文化の振興

入学希望者の多いアスリート学生歓迎　国際友好親善スポーツ交流

学生主導による

ダイエットスポーツ　健康長寿学　スポーツによる体力づくり　スポーツ救命アスリートの育成　テニス　サッカー　野球　バレーボール　剣道

災害救助マネジメント　危機管理アドバイザー　スポーツ指導者　インストラクター

文化としてのスポーツを通して青少年、中壮年者、高齢者の健康保持スポーツ教室を実施する。

広く地域社会とスポーツ交流を行い柔剣道各種スポーツ教室を通して入学者も確保、充足を。

核家族が進み高齢者が増える社会状況である。

市民の健康保持に努めたい。

救命マネジメント、総合型地域スポーツクラブ、スポーツ教育を通して（体力づくり、スポーツ指導者、ボルダリング等）を推進する。

(三)　ドローン救命パイロットの育成コース（救命士ヘリコプターライセンス取得の道もある）。
災害時ボランティア　緊急事態医療に応えるEMR教室　一般市民向け
危機管理アドバイザー　高度のケア救命　スペシャリストの育成（メンタルケアも含む）　専門職　消防　警察　海保　救命就労をめざす
パブリックセフティ就職は、消防署就職の道、公務員試験対策学習にて就労を奨励する
国際コミュニティー　インターナショナルスタディズ　英語　中国語を話せる国際派救命士　国際貢献　救命技術の海外伝授

(四)　保育士育成コース
保育士補助者の道あり　三回挑戦にて国試合格の道を進む　ライセンス取得学院

「保育士」資格取得（短大卒以上受験）

(五)　一人暮らしの割合が自然増の高齢社会の日本は独居老人、中高年のひきこもりの人と高齢者の親が生活に困窮する「2050問題」をかかえている。

高齢者の人としてのＱＯＬ（人生の質）、生き甲斐、人生の喜びを見出す。社会参加など課題も。高齢者の社会参加など諸問題の解決の展開を通して歪んだ社会の諸問題の解決を望みたい。

(六)　公開講座を行う

a　救急車を呼ぶ前に健康長寿学　ダイエット教室

b　おからパワー

ヨーグルトにおから一回百グラム（スプーン八杯位）を入れて食事の際、最初に食べる。

筋肉保持アップにも効果あり。

更に口ほしい時はアボガド等低糖質のものをコーヒーにもおからパウダー＋シナモン等を入れると効果があらわれる。

運動療法ダイエット授業を行う。

医食同源「健康長寿学」生活習慣予防士の道もある。
卓球　ボルダリング　水泳　フィットネス　ヒップホップダンス　フットサルなどの推進
人命救助　ＥＭＲの伝授
健康長寿生涯学習　ダイエット教室　ＱＯＬの向上　認知症予防
小中高生のスポーツ教室大会　総合型地域スポーツ救命教育クラブの推進　行政と連携しながら大会に参加できる　地域住民が運営するジュニアアスリート　幼児小学生　子育て支援　キッズドーム　遊び場　ボルダリングの設営
(七)　障害者の理解福祉の視点　障害者もｅスポーツを
パラリンスポーツ二十二種の振興についても取り組む
農福就労支援事業　障害者への理解
聴覚障害者　手話言語（理解と普及）手話授業の導入
車いすバスケットボール　ゴールボール　ブラインドサッカー　シッティングバレー
等々
一　パラスポーツ「国際クラスファイヤー」の育成　クラス分け　指導者

⑴英語力　⑵医学知識　⑶海外研修資格
コーディネーター（専門資格）日本障害者スポーツ協会の奨励金あり
パラスポーツコーディネーター（専門資格）パラスポーツ参加奨励　指導者育成

障害者活躍推進学び場コース（居場所）の設営
人間としてハンディキャップある障害者、共生社会理念に基づくその自立支援　三障害者（共に生きる社会）共生おもいやり　地域おこし　福祉の村づくり　生活障害者の就労支援　障害者デイサービスB型などグループホーム等々の設営
児童発達支援事業所、子供サポート対症療法教室　ソーシャルサービセス

㈧　地域おこし　社会起業家　事業家の育成を
A　地域おこし活性政策研究を
一　学生主体の地域おこし協力隊　地域おこし研究会　農地付き空き室の活用　アウトドアライフ　Outdoor Life　愛好会
戸外に自然にふれながらスポーツや趣味を楽しむ　自然保護　蛍の里　カブトムシ　ジビエ料理　海産物　キャンプ　釣り　バードウォッチング　花火大会　音楽会などの各種

イベントの命を守る救助活動

㈠　救命日本一の市町村を目指す救命教育　小中学生地域住民救急蘇生教室将来の救命士の卵を育てる　自転車、バイク等による救命サポート

㈡　ドローンパイロットの育成（ドローン有効活用研究所）

㈢　災害時ボランティア　緊急事態医療に応えるＥＭＲ教室　一般市民向け

㈣　危機管理アドバイザー　災害救助マネジメントの学習　高度のケア救命　スペシャリストの育成（メンタルケアも含む）　専門職　消防　警察　海保　救命就労をめざす。

二　社会政策研究リーダーの育成

地域社会を充実させるパイオニア議員育成　ふる里想いの地域おこし研究

三　若者の定住　地域への就職　人口減少と向き合う課題解決型学習

直下型地震　災害対策　高度医療人命救助　災害救助マネジメント

救命日本一の安全な街づくり研究　空き家大量時代　不動産業　ランドバッグ対策　人口減少に向き合う

四　スポーツ文化振興

アスリート学生歓迎　国際友好親善スポーツ活動の推進

学生主導による

㈠　ダイエットスポーツ　健康長寿学　スポーツによる体力づくり　スポーツ救命アスリートの育成　テニス　サッカー　野球　バレーボール　災害救助マネジメント　危機管理アドバイザー　スポーツ指導者

医食同源「健康長寿学」

生活習慣予防士の道

㈡　卓球　ボルダリング　水泳　フィットネス　ヒップホップダンス　フットサルなど人命救助　EMRの伝授

㈢　健康長寿生涯学習　ダイエット教室　QOLの向上　認知症予防　小中高生のスポーツ大会　総合型地域スポーツ救命教育クラブの推進　行政と連携しながら大会に参加できる　地域住民が運営するジュニアアスリート　幼児小学生　子育て支援　キッズドーム　遊び場　ボルダリング

グローバルな視点その為の人材育成

一　「事業構想学」　グローバル人材の育成

少子高齢化国内消費の減少、国内企業の海外展開やインバウンド（訪日外国人旅行者）の消費の獲得など経済活動のグローバル化の進展。

地方創生人間教育・ふる里活性化の視座

観光おもてなしコース

各種観光ライセンス取得　世界遺産学　チバニアン

心肺蘇生術の取得（人命救助救急医療）

二　社会起業家マネジメント　地域おこし　社会起業家の育成

農業と福祉の連携

地域をグローバル化させるビジネス

【農業と福祉の連携】

一　泳ぐ宝石　錦鯉（にしきごい）研究

三十年の寿命　最寿命二二六年の錦鯉もいる

趣味と実益　鯉には縄張り意識がなく喧嘩しない　世界中に拡がる愛好者グローバルビジネス

二　農福連携事業研究　ハンディキャップをもつことで社会的不利な障害者の社会参加

地域参加型叡智の結集　特産品化　草取やジャガ芋・薩摩芋の収穫作業　干し芋大量づくり　焼き芋販売ビジネス　スッポン・鯰（なまず）養殖研究　椿油　蜜蜂（みつばち）の繁殖や採蜜越冬管理　蜜蜂特有の病気予防　巣箱の開発　障害者一人一人の特性に合った作業　障害者雇用を推進する企画　人とのコミュニケーションの苦手な精神障害者

三　児童発達支援事業　音楽セラピー療法　不登校ひきこもり　不安障害　発達障害「自閉スペクトラム症」等の理解

a　AI学習

社会の変化に応じた教育

「人口知能（AI）時代　データサイエンス教育」「AIと経営学」「データサイエンス心理学」「ソサイエティ5.0」「ソサイエティ5.0人間学」

人口減少課題　IT活用　基礎教育　第四次産業革命　AIなど先端技術教育の研究

ソサイエティ5.0　ＡＩ学習

b　実践仏教人材育成コース

人材育成仏教入門　大乗仏教、忘己利他の実践　若者の定住　起業との連携　人材不足

仏事の心得　学問の基礎哲学　東洋思想　アジア仏教　死生学　仏教思想　僧侶学等の

学習

C　セラピスト学習コース

一　アニマルセラピー

二　音楽療法　老人ホーム等のスタッフの希望者の学習

d　グローバル日本語教育コース

N２日本語能力　留学生受入　介護・観光企業への就労　人材バンクの設立　人材紹介

基礎学習

「人間の心得」（人命救助の哲学）　救命蘇生法

「専門職者の倫理」（心の糧　人生観の確立）

「仏教の基礎知識」（歴史文化の理解）

「アイデンティティ形成論」
「死生学と生死度脱」（本願成就の哲学）
「長寿社会と生き甲斐」（高齢福祉論）
「障害者の理解」（共生社会学）
「三つ子の魂　子育て論」（子供の育て方考）
「ソサイエティ5.0」（現代社会論）　ＡＩ基礎学
「経営の視座」（地域おこし　社会事業家　活動家の育成）
「地域おこし農福連携」（障害者の自立支援）
「生き甲斐の発見」（生きる意味）
「ひきこもり高齢者」（80・50問題）と社会参加ＱＯＬ
「救急車を呼ぶ前に予防医学」（生活習慣と健康長寿学）
「アウトドアライフ」
「ドローンパイロット実技」（ドローン操縦免許取得）
「ヘリコプターパイロット免許取得」

「災害救助マネジメント」
「地域おこし政策」空室　不動産業　宅建
「キッズドーム遊び」（子供とふれあう）

コース別就職目標

(A)社会政策研究リーダーの育成　パイオニア議員の育成　地域おこし研究　公務員の道
警察　消防　海上保安庁
(B)スポーツインストラクター　幼児等体育指導
(C)国内外観光ライセンス取得　観光業
(D)パラリンスポーツ指導者
(E)実践仏教仏事ディレクターとして一般企業に就職
寺院の住職道　葬祭墓石仏壇等、仏事の心得の学習
(F)老人ホーム　心のこもった福祉の専門家　社会福祉士　精神保健福祉士
(G)日本語指導

(H)福祉施設での音楽療法

自ら主体的に夢に向かい自分の生き方を決めて取り組む就労テーマ

主体性、自己決定による自らの生き方の思索、学生の趣向、関心による職業選択の道

一　マハーヤーナスクール

雅楽（ががく）、声明（しょうみょう）教室

二　グローバルコミュニケーション

英語、中国語の学習生活体験

これらの学習可能な構想としての「地方創生人間教育学科」（令和三年開講希望）

第二項　学校教育の現場の在り方に問題はないか

なぜか登校拒否、苛（いじ）め、校内暴力、学校嫌いの子供も増えている。

学校の在り方に問題はないか。原因は何か。発見せねばならぬ状況にあろう。

教師の管理教育ではなく、子供の自己決定を何よりも大切にし、画一的な学習内容にとらわれず、一人一人の子供の個性を尊重する学校教育が望まれる。

子供の心から自己不安定感と自己憎悪感を取り除き、生きる喜びを実感することを大切に考える学校の姿が求められている。心ある意見であろう。

生きることは素晴らしいと喜びに満ちた人生が訪れれば、何と幸せであろうか。

子供が既成の価値観やマインドコントロールに拘束されず、自分自身の生き方や、ものの見方を築くのを援助する学校、子供自身の決定や実践を何よりも大切にする学校が必要であると言える。

子供、学生が学習の主人公

教師中心の一方的、押しつける課題方式の授業は、教師が教壇の上から黒板の前に立って講義を展開する。その際、教師が主人公でなく、学習の主人公は学生たちである。

自ら進んで自ら学ぶ学習態度の形成が大切であろう。

グループワークも必要である。

生徒がひとりで調べる。個別学習の尊重。学習を通して他の人を尊重する。人の身になって考える、人の為に役立つ、思いやりの心が育つ。

これらの学習活動は人格形成、人間形成の場でもある。

学習は、学校だけに終わるものではなく、生涯、学習を続けることで、成長と発達があり、智慧が深化し、成熟、生きる喜びにつながる。

人間は生まれて命終わるまで、教育の力によって成長し、進歩し、先人より智慧を学び道標へと向かうであろう。

家庭教育、学校教育、社会教育も含め、人間は生涯、学びを通し成長し、深化し、充実を遂げる。

学生に自分の考えを教え込むことに主力を注ぐ教師、「そんなことをしてはダメだ」と否定的な態度で対処する教師、どこか誉めるところはないか。良い点を見つけ出し、その点を誉める。生徒の才能を信じ、内に秘めている可能性をどう引き出し、育つ力を伸ばし開花させ育てるか。育てる教師が必要であろう。

人間の心に魂を入れる。それは教師その人である。

教師を抜きにして、真の教育は考えられない。

教育は、生きた働きであり、生きた者を対象とする。

価値・能力を伸ばしてやろうとする愛・人の本質を高めようとする信念、愛の精神・教育愛なしの教育は考えられない。

教えられたこと、学び身につけたことのお陰で今日の私たちがあり、多くの人に受けた恩沢（おんたく）、そのお蔭であることに成長して気づく。

社会貢献に励むことができるのも、この教育の力その御恩のお蔭によるところが大きい。

祖先から受け継いできた命、子供たちが命を無限の流れの中で、次の世代に受け継ぐ。

生命への尊厳、命を大切にする教育、苛めをせぬ思いやり教育の花が開く。一本の草花にも生きている命があることを諭し、優しい心を育てる必要があろう。大切な生命の目覚めである。

種を蒔いたり、球根を植えたりして、その発育を喜ぶ。

動物園、植物園、水族館、昆虫館、子供に飼育、栽培の経験を豊富に授けたい。生命の愛育によって、やさしい心が育つ。救命蘇生術の学習も大切である。六年生にもなれば、人命救助も可能である。

ミニ博物館、美術館、図書館も必要であろう。

学校と家庭、父兄との信頼関係、心から相通じ合う信頼関係が確立していることが大切であろう。

基本的になな躾、生活習慣、人倫の道、人はいかに生くべきか。希望、夢があり、達成したい目標がある。実現したい理想があるから人はいき〳〵と生きられるであろう。

苦しむ人が救われることを祈る心情も大切であろう。

壁に耳あり障子に目あり。人の悪口を言わぬこと。

「消費は美徳」「思い切って捨てる方が片付く」と言うのではなく、「もったいない」「おかげさま」「ありがとう」という感謝の心を忘れてはならぬであろう。

教えるものがありてはじめて教師であり、教育者魂もあろう。

生命の躍動感に燃えている教師の声に、眠っていた子どもたちの魂に灯がつくであろう。

「勉強しなさい」という言葉は使わないことを心得、「遊んでばかりいないで勉強しなさい」この口癖、その弊害は計り知れないことを悟ること。

月一回、自然の中で思い切り遊ぶ日があって良い。総合学習カリキュラムである。

「よく学べ、よく遊べ」よく遊べ教育の中に体力、気力、学力、生きる力も育つであろう。

高い目標をもつ。よく学ぶ。それに向かって諸問題を克服することによって、生きる力が養われる。

ボランティア活動、社会奉仕の実体験を通し、汗水を流すことによって、学ぶことの大切さ、必要性に目醒めるに違いない。

第三項　失敗は成功のもと

人生行路その足跡をふりかえると、私たちの人生には失敗（しそこない、やりそこない、しくじること）があろう。

失敗しても、それを反省して、欠点を改めていけば、かえって成功のもととなる。「失敗は成功のもと」「失敗は成功の母」と言う先人の教訓がある。

かって私は『三つ子の魂百迄の教育道　アイデンティティ形成不全の克服』（二〇一五年九月　国書刊行会）を著した。

昭和五十三年より幼児教育に取り組んできて、専門学校等の教育道の運営を加えて四十年以上の歳月を経て、初めて著述した拙著『教育論』であった。

二十一世紀社会に生きる子供の育て方、人間教育の礎、三つ子の魂、心を育てる教育、母となる日、楽しみな子育て論、お茶の間の談義など現代人の忘れもの、人間の心得として大切なこと、二十一世紀の人命軽視社会についても語った。

幼稚園、保育園から始まって、大学、大学院まで教育道があるが、願わくば、その「一貫教育」を夢みて、今ある専門学校の学校教育法一条校化、国の新企画、専門職大学構想に手をあげ、チャレンジを試みた。

文科省諮問委員会は、専門職大学の名称で新たな大学類型を設け、国の助成対象とする構想を発表し、職業教育の充実が必要であると、二〇一九年度開校を目指す専門職者人材教育案を示した。私共は、開設準備室を設置、文部科学省に伺い、その申請をし、その指導を仰いだのだった。

審議委員の先生方はその際、二〇四〇年、日本社会は、少子化による人口減少社会となり、八千万人迄人口が減少するが、その際、大学も淘汰も進むと予測される。少子化到来の中で、学生をどのように確保するのかと、私共に回答を求めた。

え？八千万人、思いがけない質問に、グローバル化、留学生の受入も考えたが、「ははぁ、許可をしない考えだな」と察知した。許可は難題である。ハードルが高い、と考え、専門職大学開設準備室は、申請を取り下げることとなった。文科省は少子化を理由に大半の申請を許可しなかった。「失敗は成功のもと」という諺があるが、この経験が、私共に学校健全経営の智慧を与えた。

熟慮の結果、代替案として一貫教育、大学院大学設置、博士課程前期後期五年生（案）が浮かんだ。

その前段として、学生の大学院への道、大学同等の専門学校による四年制新学科の設置を企画し申請することとなった。

専門学校の法人による「地方創生人間教育学科」の申請である。大学院へ進級可能な「高度専門士」の（大学卒同等）の学位取得が可能で、専門学校法人も四年制の学科設置が可能である。県庁の学事課と相談し、一関校（社会福祉士、精神保健福祉士養成校）、七尾校、ちば校共々、四年制の学科申請を行うことになった。

千葉校、七尾校は社会福祉士、精神保健福祉士、通信課程の設置も検討企画することにした。

一関校は、３・11東日本大震災の年、一関市長の御理解もあり寺小屋時代から百年以上続いた、旧釘子小学校のを無料貸与をうけ、厚生労働省認可救急救命士養成校室根校を開校、一関市を始めとし近郊地域、東北全域に少しずつ「救急救命士」が充足し始め、大切な人命救助人材の育成に当たっている状況である。

二、理学療法学科を旧摺沢小学校に設置開校し、地域に当校卒業の「理学療法士」国家資格有資格者が誕生し充足し始めている。

三番目の企画は、広々とした運動場を持つ旧千厩小学校校舎にて、（仮称）「ふる里創生人間教育学科」（四〇名定員）の四年制の設置（令和三年開科申請）を行った。

「岩手日報」「岩手日々」「中外日報」は当学園の構想を大きく報じた。

専門学校が一関の旧千厩小廃校舎活用へ

市、貸し出しの方向

国際医療福祉専門学校一関校　学科新設を目指す

一関市は、同市千厩町の旧千厩小の廃校舎を、四年制専門学校の学科新設を目指している国際医療福祉専門学校一関校（宇野弘之校長）に貸し出す方向で調整している。同専門学校は、二〇二一年からの学生受け入れを想定。新たな学び舎としての活用は人口減少が進む千厩町の活性化にも期待される。

同専門学校は、千葉県の学校法人阿弥陀寺教育学園が運営。一関校は現在、同市室根町の室根校舎と同市大東町の大東校舎の二校体制。二年制の救急救命学科と、三年制の理学療法学科があり、県内外の計百二十三人が在学している。いずれも閉校した小学校校舎を活用している。

同専門学校が新設を目指す四年制新学科は『ふる里創生人間教育学科』（予定）で定員四十名程度。「社会福祉士」と「精神保健福祉士」を養成する二コース制で、三月に県に新学科設置の計画書を提出する予定だ。

旧千厩小校舎は一九七三年に整備され、鉄筋コンクリートの三階建て。十八年に近隣五校と統合した際に廃校舎となった。千厩町中心部の商店街にも近く、同専門学校の佐藤甲子夫副校長は「若い学生が地域に入ることで活力が生まれる。地元定着にもつながればいい」と期待する。

統合した旧千厩小の前身の他の四校は、旧小梨小が市内の社会福祉法人が跡地活用の調整中で、旧清田小と旧奥玉小は利用方法を検討中。旧盤清水小は耐震強度の観点から活用は検討されていない(「岩手日報」)。

国際医療福祉専門学校一関校
旧千厩小学に新学科
ふる里創生人間教育　二十一年度創設目指す

一関市の国際医療福祉専門学校一関校を運営する学校法人阿弥陀寺教育学園(宇野弘之理事長)は、同市千厩町で新学科の創設を進めている。市から旧千厩小学校校舎を借り受け、二〇二一年度からの学生受け入れを目指す。

新設するのは「ふる里創生人間教育学科」(予定)で、四年制の社会福祉士養成コースと精神保健福祉士養成コースの二コースを備える。同校では二十四日、県に新学科設置の計画書を提出。社会の高齢化や児童生徒の発達障害などにソフト面で対応できる人材の育成を図る。

同町では十八年四月に五校が統合して新千厩小学校が誕生したが、市内の社会福祉法人が跡地活用を予定している旧小梨小と、耐震強度の問題で利用不可となっている旧磐清水小を除き、校舎の活用が懸念となっている。市も協力の方針で、申し入れを受けて以降、地元自治会向けの説明会を開くなどしている。

国際医療福祉専門学校一関校は、十一年四月に救急救命学科（三年制）、十五年に理学療法学科（三年制）を開設。同市大東町と室根町に校舎を置き、医療と介護福祉の現場で活躍する人材を育てているほか、市消防団への参加や介護予防教室への協力などで、学生が地域との交流を密にしている。

学生の募集などの開始は今秋以降の見通しで、佐藤甲子夫副校長は「千厩に校舎を置くことで、地元福祉施設での実習などの交流も行えるかもしれない。新しい時代のニーズに対応できる人材を育てたい」と地域貢献へ意欲を見せている。

岩手日々（令和二年三月二十五日朝刊）

阿弥陀寺教育学園

一関校に新学科　四年制コース

救急救命士などの養成校・国際医療福祉専門学校を運営する阿弥陀寺教育学園（千葉市中央区）は、同校一関校（岩手県一関市）での新学科開設を進めている。

同市の千厩小校舎を借り受け、二〇二一年度からの学生受け入れを目指す。

新設するのは「ふる里創生人間教育学科（仮称）」で、四年制の「社会福祉士養成コース」と「精神保健福祉士養成コース」の二コースを備える。同校は三月二十四日、県に新学科設置の計画書を提出。高齢化社会や発達障害の児童・生徒らにソフト面で対応できる人材の養成を図るという。

同町では十八年四月に五校が統合して新千厩小が誕生し、旧校舎の活用が懸念だった。

一関校は十一年四月に救急救命学科（二年制）、十五年に理学療法学科（三年制）を開設。同市室根町と大東町に校舎を置き、医療と介護福祉の現場で活躍する人材を育てているほか、市消防団への参加や介護予防教室への協力などで、学生が地域との交流を密にしている。

宇野弘之理事長は「地域の活性化には人づくりが大事。四年制のコースを設けることで大学院への進学の道が開ける。新しい時代のニーズに応える人材を育てたい」と地域貢献への意欲を語る（中外日報）。

専門職大学申請の時、今思うと、文科省審議官の方の指導の際、発言の中で「専門学校の方が良いよ」（少子化でこれからは大学は大変だよ）という一言があったことを記憶していた。大学運営は冬の時代。大学でなくても専門学校も四年制課程ができる、その方が楽でよい、という天の声に聞こえ、構想が脳裏に浮かんだ。結果、そのひらめき案を実施する構想になったのである。

七尾校にあった作業療法学科三年制は、人口減少の為、ちば校に移し、七尾校は、理学療法士育成学科一学科にし、生徒、入学者増を勧める状況になった。ちば校リハビリテーション学科理学療法士コース四〇名、作業療法士コース三〇名（新しいOTコース設置申請）をすることになり、令和三年四月開校申請も認可可能となり、お陰様で指導に当たる先生方も揃った。

阿弥陀寺教育学園

休眠高校の経営引き継ぐ

国際医療福祉専門学校を経営する阿弥陀寺教育学園（千葉市中央区）の宇野弘之理事長は、2年間休眠していた福井県敦賀市の湖海学園昭英高＝**写真**＝から要請を受け、8日に同校の経営を継承する契約を結んだ。

昭英高は福井県認可の私立高校で、創立者で理事長の吉田進氏が数年前に死去。全校生徒が卒業した2年前から生徒募集を停止し、経営を継承できる学校経営者を探していた。

経営を引き受けた宇野理事長は、同校を「地域に夢を与える人材育成の拠点」にすべく、学校名を「敦賀国際令和高等学校」と改め、2021年4月の再開を目指して準備を進めていくという。

昭英高はもともと医学系の大学に進学を希望する生徒を対象としていた。募集範囲を医療福祉系にも広げ、医師、歯科医、獣医のほか、理学療法士・作業療法士、救急救命士、社会福祉士、精神保健福祉士、介護福祉士を目指す人材を育成する私立高校として再出発する。

同校は全日制普通科、定員50人。3階建ての校舎に教室、体育館、テニスコート付きの運動場、広さ2万5千平方㍍の校庭のほか学生寮も備え、通学バスの運行も予定。

学校長を務めることになった宇野理事長は「自著『よく学べ、よく遊べ　思いやり教育論　人は育て方一つ』（山喜房佛書林）で提唱する教育論にのっとり、諸先生方と共に責任ある質の良い教育指導、人間教育を行いたい」と話している。

中外日報2020年７月10日

第四項　窮すれば通ず（困りきると活路が見出される）

学校の健全経営を願って、ローカルスクールは、消滅の危機を迎え、風前の灯火であった。学園は、グローバル化が必要であった。

私共は、介護福祉士養成制度ができて間もなく、厚労省介護福祉士養成校、「専門学校新国際福祉カレッジ」を開校。開校当初は定員八〇名を超える勢いで日本人学生が学び舎に訪れていた。

介護の仕事は３Ｋであり、賃金も安い。「看護師をめざしたら」と高校の進路指導の先生の生徒指導。連日の各紙報道も介護も薄給、３Ｋと報じ、気がつくと日本人の入学者は十名たらずになり、各養成校とも入学者が集まらず「もう閉校やむなし状態」と覚悟を決める状況となった。他校では募集停止、学科の廃止届が続いた。

開校当時、厚労省の女性審査官の厳しい指導、難産であったことを思い出し「何とかせねば」と歯をくいしばり、継続を願った。窮すれば通ずるものである。

ローカルスクールであった介護学科をグローバルスクールにして留学生を受け入れる案

が浮かんだ。

半分にした四十名の定員を充足まで3年程の歳月を要したが、千葉県社会福祉協議会が介護職員不足の県内施設のワーカー確保に理解を示し、五年間就労誓約のもと就労奨励型の奨学金を貸付するシステムができ、その学納金納入補助のお蔭もあって、邦人学習者、留学生共々、生活者としての日々の生活が安定し、「介護福祉士」の就労の道が確保でき、学校も施設も生きかえった。

千葉県社会福祉協会の御理解、政策のお蔭と感謝している。

中国山東省の日本語学校とも国際親善提携校契約を結び、介護希望者の留学生受入れを開始した。願い通り定員は充足し、施設の人材不足も解消の方向となった。

少子化の克服

国の人口増政策は目標の二・〇未達成の状況にある。

どうしたら人口が増え、継続社会が可能か。

その少子化日本社会の解決策について私は『ストップザ少子化』(二〇一四年国書刊行

会）を著し、考察を試みた。

日本社会では、人口減と同等数の「中絶」が行われている。誰にでも経験があると思われる安易な中絶である。この行為を行われなかったら、日本社会は人口増に恵まれる。日本の歴史にあっても真宗門徒の多い村等では、他村に比べ人口増がみられた歴史的事実が示されている。

この宗教倫理を説き、僧侶も村人も共に人々に啓蒙をし、子だくさんを奨励し、人口減少を防いだ事例が見られるのである。

子供に恵まれず子供の誕生を願う人たちも多々いる。子供に恵まれたら中絶をせず母親になることを願うことを奨励する。『ストップザ少子化』ができたらと今も心から願っている。もったいない話である。命の大切さを最優先に考える日本社会をと、少子化克服の課題を鑑みながら、中絶なき社会に希望を抱いている。

第二章　学校のテーマは学生が魅力を感じる学校

どのようにしたら学生が入学を希望する魅力のある学校となり得るか。

この学生が魅力を感じる学校こそが学校の主テーマになろう。

教室での座学、学生が居眠りし興味を示さない講義、学生の授業態度を無視して平然と進める教員の授業、学生が授業中、居眠りをするのは講義が面白くないからである。

Q＆Aに改めて、映像の授業等の取入れをするべきであろう。

学校継続の為には、地域社会に根をはる、地域社会と共にある学校が必要と思われる。

では地域社会のその課題とは何か。

地域社会と学校をつなぐ課題解決型の人材育成や地域社会貢献が学校の姿として必要不可欠であろう。

机に座っているだけの事務職員、ただ壇上で教えるだけの教員。そして、学校の運動場は草茫々、掃除がゆき届いていない等は、問題外である。地域と共に問題解決に汗を流す

「地域社会と共にある学校」地域社会をよく理解して、地域の問題解決に関心をもち、取り組む学校の存在、役立ちが求められている。

学校が面白くなく、学校嫌いの小中高生が目立ち、社会問題化している。

面白くない学校に通うのは息苦しい、苦痛だと、子供たちは引き籠る。

発達障害の子供たちも多々見られる。

知的、身体、精神を病む生活障害のある人は、『障害者白書』（平成十一年）によると人口の七・四％とある。

東京オリンピック、パラスポーツも注目されている。

手話教育、思いやり教育も求められている。

学生たちが地域の課題を学び、自分が如何に地域社会に貢献し、充実した人生行路を切り開くことができるか。

アイデンティティの形成、自分の本当にやりたいことの発見に努め、人間力、夢実現の行動も心に欠かせない状況にある。

その意味で、地域まるごとが教材であり、このような視座、地域社会と共にある自分自身の取り組む姿、そして学校が、地域に根をはる。そうなれば、学校は光り輝く揺らがぬ存在となるであろう。

如何にして学生目線から見て魅力のある学校となり、地域社会からも評価される学校となるか。

このことに気づかぬ教職員の集まりであると、遠からず自然に淘汰され、継続が危ぶまれる。淘汰社会は厳しい社会対応を促す。専門家は厳しい視線を浴びせる。

社会課題対応、積極的な展開、改善充実が必要であろう。

少子高齢社会、若者の絶対数が減少して、二〇四〇年には、人口激減時代を迎えることが予測される少子化社会が背景にある。このような人口減少社会の訪れが事実であるとするならば果たして二〇四〇年、学校の生き残りができるであろうか。

学生が少なくなり、学校が淘汰され、消滅するのではないか。

文科省も国状、日本列島の少子化問題には頭をかかえている。

文科省は、定員七十％以下の学校は危険水域校として健全経営望み薄の不適格校と扱う、廃校もやむを得ないと考えているようである。

どのようにしたら学生が入学を希望する魅力ある学校となるか。

学生第一、この学生が魅力を感じる学校が継続の為の主要テーマとなるであろう。

パラスポーツも注目されている。手話教育、思いやり教育も求められている。

学生たちが地域の課題を学び、自分が如何に地域社会に貢献し、尽力できるか、地域を切り開くことができるか。

アイデンティティの形成、自分の本当にやりたいことの発見に努め、念願成就、夢実現に向う生き方が欠かせないであろう。

学校として如何にして魅力ある学校となり、評価されるか。

自然淘汰、厳しい淘汰社会は、因果の道理をありのままに示すであろう。

このことに気づかぬ教職員の集まりであると、学校は淘汰され、継続が危ぶまれるであろう。意識改革改善が必要である。

地域社会に役立ち得る社会貢献事業として、児童発達支援事業所、放課後デイサービス、企業主導型保育所、不登校の子供の絵画教室、人命救助ステーション、民間型病院搬送事業などが考えられであろう。

第一節　教育者の心得

第一項　救命リハビリ教育の問題点——教育者としての心得の問題——

一　高等学校より一段高度の教育機関に位置づけられる「専門学校」は、専門職者を育成する職業教育に専念する心ある人材を育成する「教育機関」であるといえる。教員は、人を育てる教育者でなければならない。

幼小中高までの、教員は、教員免許を必要とする。教員としての教育を受けて就労する先生方である。無免許では教員は原則としてできない規定と言ってよいと思う。

ところで、理学療法士（ＰＴ）・作業療法士（ＯＴ）、救急救命士等は、法律により、臨床経験五年以上を以て、教員研修はあるものの教員としての教育に携さわることができる規則となっている。

ここで問題になるのは、臨床家として優れた技術、知識、力量を持っている人たちも、教員として教壇に立つと、いきなりプロ教員にはなれず、まるで素人かな思わせるような事柄を目にする。

教育経験、教育技法を未体得の先生方でいらっしゃるので、「教育者のいろは」教育者の心得を身につけ、教育者になる必要がある。

㈠　授業中に居眠りする学生がいる

教員に対しては、居眠りは最も失礼な授業態度である。前日にゲームをし徹夜をし寝不足である。うつ病の薬を服用している等は仕方がない、理解できるとしても、改めるべき受講態度であろう。

①授業中の居眠りは、国家試験不合格になる要因の一つであり、この学習姿勢「居眠り」は、自分の身に降りかかってくる自業自得行為であることをまず知るべきである。国試合格の明暗を分ける厳しい結果を誘導する事柄である。

②授業の仕方にも問題がある。

学生が眠らないように、Q&A方式、学生に回答を求める授業に変える必要がある。臨床家、セラピストとしての質が良くても、教育者としての教育技法に問題がある。学生が居眠りせぬ、魅力のある面白い授業を展開する必要があろう。非常勤講師の授業は、居眠りする人が多い。改善を指導するリーダーシップのある熱血教員が必要であろう。

③居眠り対策として、他学科在籍教員に学生の席の近くにて講義を一緒に聴講してもらい、居眠りをする学生を起す、その対応が必要かなと思わせる。

㈡ 学生にアンケートを実施する。教員の人気は、より良い授業を展開する反省の材料、参考にもなろう。

㈢ 就職相談について

放置ではなく、どのような施設に就職したいのか、真摯に相談にのる必要がある。

㈣ 学生に楽しみを与える体育祭、学園祭等の企画実施も大切であろう。

㈤ 志を以て入学したにも係らず、初心を忘れ、中途で退学する学生がいる。

①アイデンティティの形成不全克服のため、人命救助やリハビリテーションの素晴らしさを諭し、主体的な取り組み、本気度を増すその取り組み姿勢、魅力を知ってもらうことも大切であることは、改めて申す迄もないことかも知れない。

「初心忘るべからず」入学したにもかかわらず、中途で退学してしまう挫折型の学生、やる気を失い、つまづく退転型人生観の学生には、週一回相談に乗り、様々な悩みを聞き、共に考え生きる姿勢を教員が親身になって取り組み、皆の学生の対人援助サービスにも日頃から取り組むことが大切であろう。学校評価としても、退学者の発生の多い学校は、問題のある学校として優良な評価がされない。途中で夢を諦めると夢が実ることはない。夢叶うと信じ、不退転位の決意をもってゴールをめざす志ある道が求められる。

②教育現場は、サービス業、対人サービスである。

教職員間の不和は、学生の目線には「先生ってこんな程度の人間か」と映るに違いない。そのような教員を尊敬する気にはなれない。

仲の良い山荒らしの夫婦は、針があり近づきすぎるとチク〳〵して不快である。そこで、山荒らしは、少々間をとることを学習、快適に暮らす智慧を学んだ。

コミュニケーション能力、チームワーク、横のつながりも必要である。

学生が見ている。「皆が仲良く和」を保つ。不協和音は望ましくないことを、よく自覚する必要がある。人の悪口も禁句である。

以上、教員一人一人が臨床家よりプロの教育者に転向をし、その自覚、教員実践を心得るならば教育は光り輝くものになるであろう。（令和元年一月四日　脱稿）

第二項　教育者のいろは　その一

教育の第一歩は、挨拶に始まる。

「おはようございます」「こんにちは」「元気？」「さようなら」「失礼します」

若い人は、近頃、挨拶ができない、とよく言われる。

どうも本当らしい。

若い人、学生たちのみでなく、学校教職員にもこのご挨拶ができない傾向が見られる。

知らん顔、無視は、不和の原因である。実は、ここから教育の第一日、第一歩が始まる、ご挨拶の大切さを身につける必要がある。

教育者の教育力の評価はいかがか。不和チーム状態では、その結果は言わずもがなであろう。つまるところ、教育効果があがらないであろう。

就職時の面接でも、合格の要件として問われるのは、この「ご挨拶」ができるか否か、採用側は見ている。ご挨拶は、和のチーム作りの礎、コミュニケーションの大切な基礎であろう。

ご挨拶ができぬとするならば、就活の採用は望めないであろう。

病院に勤務を希望する医師が、「タバコをやめらますか?」と面接試験で問われ、「Ｎｏ」(「やめられません」「喫煙を続けます」)と答えると、不採用になる例を耳にする。病院の敷地内で医療関係者が喫煙をするのはタブーで、健康を推奨する医療関係者その禁止行為の心得不足であると考えて良い。

ニコチンにより肺が壊死し、永久に回復しない。

肺に穴があくこともあり、喫煙をやめれば壊死せず、残存する良い細胞が生き続け、活性を促す。

このことを医師として知らぬはずがないであろう、という意味でタバコの煙、副流煙が患者や家族の健康に悪影響を与えるという大切なことを理解していない。医師、医療関係者として常識である、不適格である、という判定である。

ご挨拶も、日々の大切なコミュニケーションの一歩、礎であり、知らんぷりは、不和、対立を生む原因にもなる。「喧嘩両成敗」という言葉もある通り、不和は評価されない。人間関係崩壊に及ぶ主原因である。

教育者も学生も、ご挨拶が教育の基礎、第一歩であり、身につける大切な事柄であることを心得る必要がある。

授業中の居眠りも禁止、人の悪口も禁句である。

大切な人としての心得が多数あろう。

教育道のいろは　その二として、

「ありがとう」と言える人が当校の教育目標にある。

お世話になった人に「ありがとうございます」と言えますか。

祖父母、父母、恩師あり、お育て頂いた感謝報恩の「ありがとう」の一言が言える人に成長して頂きたいと願っている。

第三項　逆説の思いやり教育論

私たちがよく知る「よく学びよく遊べ」という格言は、正説「よく学ぶこと」（生成至上主義、成績のよい子）が評価されることは既に述べたが、教育が貧困を克服し、豊かな生活を約束する成功への道しるべとなることは確かであり、そのことは間違いなさそうである。

よく学ぶ子は、学校でも家庭でも優等生として評価が高い。自主的に学習にも取り組む子たちである。一方、今日のこうした「よく学べ本位」の学校には馴染まない小中高生の子どもが、なぜか増え続け、家に引きこもる子が増えている。いわゆる「学校嫌い」「不登校」の児童・生徒たちが社会問題化している。学校が面白くないばかりでなくクラスメートにいじめられている子どももたちもいる。

今、教育現場では、虐待、不登校、発達支援を必要とする児童も増加傾向にあり、その対策が望まれている。家庭環境もあるが、原因の一つに、本人の「アイデンティティの形成不全」という問題がありはせぬか。

人間の一生、人生に、何が最も大切か？と言えば、思春期のアイデンティティの形成という問題であることも既に述べた。

自分が本当に行いたいこと、専心専念できる大切なこと。それが見つからない子ども、大人がいるとしたら、毎日が憂うつな日々であるに違いない。

ＩＤ形成の早い人は、十代で、遅い人は三十代まで時を必要とすると昔は言われたが、今日は、思いのほか早く、人それぞれ、その人に相応しいアイデンティティの不形成を克服するであろう。

アイデンティティ形成不全の期間は、モラトリアムの期間として自分のすべきことを思索する。人間としての主体性やactivity生き甲斐も見出せず、憂うつな毎日を過ごす。心病むこともある。人生の道しるべ、願い、希望も持つことのない凡小の人たちである。アイデンティティ形成不全が一原因とすれば、そのアイデンティティの形成に必要なのは、総合学習、即ち「遊び」である。遊びを通しての自然学習であろう。

「よく学べ」ではない。教訓は、学びと共に「よく遊べ」である。子どもたちは、遊びを通して必要なことを学び、身につける。小学校六年生まで総合学習は、現在も学習指導要領に存在するが、この総合学習「遊び」こそが、子どもたちの好きなこと、イデー発見の大切な礎になる。

遊びを知らない子どもたちは、人格形成、生き方その智慧を身につけられずに、「よく学べ」という面白くない人生行路を強いられる。とするならば、学校教育現場での辛い日々を過ごす学校を嫌って、息苦しい通学を拒否することにもなりかねないであろう。知識偏差の学び、頭でっかち人間作りがテーマではなく「遊び」「運動遊び」こそが大切な人間形成の礎であり、このことをまず人間学として理解する必要があろう。運動不足にも問題がある。「よく遊べ」テーマの中には、運動、体力増強プログラムも採用されるべきであろう。

a　児童発達支援事業所

b　不登校、引きこもり児童、生徒の自由スクール（ＩＤ形成インターナショナルスクール）〈居場所〉の存在が注目されている。願わくば回復次第、随時一般の公私立の学級クラスに入学も考えたいのであるが、回復は容易な事柄ではない。希望生徒のためには、子どものたちの名誉のためにも、思想や差別もされない形でのインターナショナルスクールよく遊べ教室設置が望ましく、この自由学校は、知識偏差の教科書通りのロボット風人間教育が主体ではない。教諭の面白くもない授業のために、児童、生徒が犠牲になるのではなく、児童、生徒第一主義方式・主役は生徒である。

学校嫌いを克服するためには、「勉強！勉強!!」とお尻を叩くことではない。子どもを自由に遊ばせる、充分運動をさせることである。ちはら台学園広場に二両編成の電車が置かれている。サマーウォーズアニメ映画に登場した上田電鉄で使用していた列車である。ファンがカメラ片手によく遠方からも写真撮影に訪れる由緒のある電車である。

この学園広場の電車のそばに、多目的教室をつくり、学校嫌いな子集まれ！

一同がこの電車に集合して「よく遊べ」総合学習教室をスタートさせたいと考えている。やがて、「自由な学校」インターナショナルスクール小中高コース校舎を設置したいと考えている。

犬、猫が子供たちの心を癒す。

自由学校の広場、あみだの森にて鶏を飼う。子供たちが餌を与え、産卵した鶏の卵を拾う。山羊を飼育し、乳を搾る。畑にさつま芋を植え、育てて焼き芋パーティーを行う。竹の子堀を体験する。養蜂、養蚕、果樹園をつくる等、子どもたちが遊びに参加して楽しくなり、心癒されたら「資本主義競争社会の歪み」の癒しにもなるであろう。ボーイスカウトの協力を得て、アウトドア活動を行う。アルパカ牧場も面白いかなと思う。子どもたちの意見を取り入れ運営に当たることになるが、自由な遊び空間、広場「阿弥陀の森」の発足を願っている。

学び第一主義から遊び中心という逆説の発想により、「よく遊べ」体力づくり広場の実現、この総合学習により人間性回復の道を歩む「教育のいろは」第三の提案である。

運動不足、体力のない子どもたちが大勢いる。脳の活性化のためにもスポーツ、運動遊びを通して、自分のやりたいこと、行いたいことを一つ見つけることができて、個性、その特技を生かすことができたならば、なんと幸せことであろう。

人は自分の能力、力量に合った生き方を選択し、自分らしく生きられれば良いのであって、医師や弁護士、教育者、科学者としての人間の生き方ばかりが人生ではない。優秀な人はその道を進み、社会貢献を目指せば良いのであって、学校嫌いで不登校のわれらは、自分らしく生きる道を進むことになるであろう。そのわれらだって自分の行いたいことが一つ見つかった時、生き生きと自分の道を生きることになる。そのための総合学習遊び運動が大切という提案である。(令和二年一月四日記す)

第四項　児童発達支援事業所について

学園広場令和通所デイサービスの開所設置

子供の発達を支援する制度、児童発達支援センターや事業所も必要な通所施設である。多動性発達障害でじっとしていられない子供、十五分位、子供はお利口なのであるが、それ以上は、健常の子供でも走りまわる。じっとしておられない。一緒に運動をする。危なくない限り思いきり広い広場で子供を遊ばせる。草臥(くたび)れて昼寝するぐらい遊ばせる。指導者も体力がつく。

「運動遊び療法」が、脳を活性化し調和を生む、といわれている。教室で躾(しつけ)や学びも大切と考えがちであるが、「よく遊べ学園」として「子供の居場所」その存在が大切であろう。

子供の主体性、子供が自主的にまかせ、楽しく遊ぶ保育をするべきであり、子供はこの遊びを通して学びを身につけていく。

よく学べ模範生の学園ではなく、「よく遊べ学舎」は、遊びを重点に、第一主題として子供の好きな自主的な遊び趣向を中心にディリープログラムを進める。

保育に当たるスタッフは、自分の考えや社会常識を子供に押しつけて、枠に閉じ込めてしまうのではなく、子供自らの主体性を重んじる。

危険はとり除く必要はあるが、「運動遊び」が効果的であることも実証されている。いわゆる逆転の発想である。

大人の常識の概念、枠内の判断による閉じ込め教育は間違いで、大人の知識や判断を入れず、子供自らの動き、興味を助長し、よく遊ぶ子を育てる。

「よく学び、よく遊べ」このテーマにあって「よく遊べ」の効果が親や子供たちに忘れられている。

よく学ぶことと共に、よく遊ぶ。このバランスのあるプログラム、日常生活が大切で、今の子供たちには、遊びや運動が不足している。

第五項　幼稚園・保育園施設万能主義の誤謬（ごびゅう）

「普通の子供と同じように幼稚園にお世話になりたい」子供をもつ親心である。

うちの子供も幼稚園にお世話になれば、きっといろんなことを覚え、皆と同じように人としての成長、生活ができるようになる。そう回復蘇生を夢に幼稚園や保育園に入園し、就学前の時期をすごす。

しかし、障害のきざしのある子供やグレーゾーンの子供ではないかと思われるような症状を示す子供を、幼稚園や保育園が受け入れ、そのまま他の子供と同じように園の生活のみで終わらせて就学前の期間をすごす。それは、例えて見ると、症状があるのに病院につれて行かない、通院せぬ対応と何等かわりのない事態と思量できる。国は発達障害者の通所デイサービスの設置を奨励し、各市町村には、株式会社をはじめとした、多くの通所ステーションができている。

病気ではない。その子の特性である。個性との理解であるが、幼稚園に在籍し、少しの時間でもデイサービスに通園し、多動性の子供など様々な子供を運動遊び等を通して回復に向かわせる機会に恵まれることが子供にとって必要であると考えられている。

障害児とは言わぬが、運動療法にて回復蘇生の道を求められている子供たちを無理解のまゝ、そのまま放置しての無作為は、幼児期の子供の成長、利益を損なうことにもなろう。

見て見ぬふりは許されない。

幼稚園だけですごさせる。それは、理解が乏しいと言える。国の制度を理解せずに教諭や保育士の意識が低いのではないか、という声が聞こえるのも、幼稚園、保育園にとっても困った話であろう。

子供の為に父兄にもやさしくお話をして通所させる配慮が必要である、と考えられる。教育現場も子どもの個性、発達、運動療法、そのことをよく理解すべきである。対応放置の責任論は、その子のその後の成長を見れば理解できるであろう。

「引き籠った子供、不登校の子供が育てば、その障害者の発生は、今日は、社会の責任である」と言われている。学校教育現場の責任でもあるという解釈でありと、反省でもある。

教育関係者は、何とか弁解して、無理解責任論を回避しがちであろうが、教育現場の多忙さは理解しているものの、しかし、無理解による無作為は、成長期の子供にとって重大な治療遅延であると考えれば、子供を通所デイサービス、児童発達事業所の運動遊びに参加させるべきであることは理解できるであろう。このことを強く申し上げ、お願いしたい提言である。

学園理事長

各幼稚園　各保育園　園長、教職員　各位

【重要】指示伝達事項

発達障害グレーゾーンの子どもについての扱い

発達障害と思われる子ども、グレーゾーンの子どもは、病気ではありません。個性という学問上の扱いです。

しかしながら、放置しますと「引きこもり」や「不登校」の可能性のあると思われる普通の子どもと違う個性的な子供たちです。

今、生活障害論は社会の責任論が主流です。

産んだ母が悪いのではなく、幼稚園・学校・社会での対応に責任あり論です。

つまり、具合がよくないのに、病院に連れて行かない放置対応状態と同等の〝無責任な不作為〟であるという評、「無理解」による不対応という見解です。

通所対応が必要ということで、国も発達支援センター（市）及び事業所を多々民間の施設設置を認め、早い対応、早期発見、早期治療を推奨しています。

幼稚園にお世話になれば、普通の子と一緒に扱ってもらえ、同化し回復するとの願いを持つのが親心です。

国の客観的な対応施策としては「早期治療」という効果を見込んで、運動療法及び脳の発達調和を期待し、子供の脳の活性化を願っています。

無治療、無対策な幼稚園は「通所させないのは幼稚園の無理解放置」と見なされ、幼稚園という教育現場のみの対応では、不充分と言わざるを得ないという見解です。

彼らの将来にとって、大きな責任がある教育現場です。

言語聴覚士の言葉訓練も、言語については常識ですが、基本はよく遊べ運動療法による脳のバランス調和運動が大切とされています。

ご父兄のプライド、認めたくない心情もあるかと存じます。

上手にお話をして、手続きもありますが、運動、遊びデイサービスに通って頂けるよう思いやりのある提言をお勧めします。

当学園学校法人阿弥陀寺教育学園としての児童発達支援事業所の認可は、県内初です。県担当者に理解して頂くのに予想以上の時間もかかり苦労もしました。

幼稚園との連携ということで、県庁学事課もその意義を理解し、認可して下さいました。民間施設ですが、初心忘れず、いつも初心でがんばりたい。

来春には、学園広場にインターナショナルスクール「よく遊べ　自由学園」不登校小中学生、高校生の〈居場所〉の設置も考え、希望しています。

生活障害者への理解を深め、対岸の火事、知らんぷりではなく大切な子どもの人生を、力を合わせ支援致したいと思います。

ご協力の程。

第三章　大乗仏教の社会活動

第一節　一貫教育を願って

教育道には。幼稚園（保育園）、こども園に始まり、小中高、大学、大学院への道があり、人格形成、人間形成は一貫した教育道にあるとも言われている。

生涯学習も含め、一貫した教育道、大学院設置という夢実現の願いを、私たちの学園は建学の精神と共に、いつも初心として持っている。

二〇四〇年、少子高齢社会の日本列島は、大量の人口減少社会を迎えると予測されている。そこで、国、文科省は、大学は冬の時代を迎える為新たな大学設置は基本的に難色を示す。自然淘汰社会を懸念に想定以上の厳しい姿勢を見せている。

即戦力者、専門職者の育成を教育目的とする専門学校は、更なる社会貢献を願い、高度な教育道をめざし躍進する希望に燃えている。この社会状況を積極的に考えれば、教育の量でなく、教育の質の向上が大切であり、大学院進学の道も考えられる。高度専門士学位を取得可能な四年制の専門課程設置し、大学院への道という教育の質の向上をめざす時を迎えているように思える。

学力が人物を評価するという考え方が学校の中にも入り込み「勉強ができる」という価値がますます大きくなっている。「よく学び、よく遊べ」の教訓を忘れないで、よく学ぶ高度教育の道も否めないであろう。

為せば成る
為せねば成らぬ
進めないと進まない
本気でやれば
夢叶う
花は開き
実はなる

念願成就

開花の哲学である

学問の基礎は哲学にあり

人間の心得

一、祖父母父母恩師、おせわになった人にありがとうと言える人になれ

一、専門職としての職業倫理を心得よ

一、忘己利他　人に喜ばれ、感謝される仕事をすべきである。

一、生命への畏敬、命の尊さ　人間の尊厳を悟れ

一、共に生きる社会

障害者の理解

思いやり自立支援に汗をかけ

学園理事長　宇野　弘之

第一項　学園の夢

大学院大学の設置に向けての一貫教育の一考察

桜の咲く四月入学でなく、国際社会の歯車に合わせた九月入学改革が、新型コロナウイルス感染防止で休校になっている間に、今がチャンスと教育機関問題として話題となった。実現には時間もかかるであろうが、機熟し九月入学となる時期もあろうかと思う。秋九月入学の大学院名に相応しいのは、（仮称）令和国際大学院大学であろう。

文学研究科　大乗仏教民衆救済学専攻

前期博士課程二年　学位修士

後期博士課程三年　学位博士をめざす課程となる。

人間教育一貫教育道としての大学院設置の学園の夢、構想である

七尾校、一関校に通信制の設置を希望している。

認可後、新校舎　大学院棟　学祖ホール図書館を千葉校キャンパスに建設予定である。

今考えられる学術テーマ、講義内容を検討してみると次の学術研究構想が私案される。

学術テーマ大乗仏教の民衆救済活動の研究

人文科学の研究の視点

学解の仏教学にあらず、先人の叡智に学ぶ主体的救済論

1　古代奈良朝の民衆救済活動研究

2　平安朝の大乗仏教民衆救済活動研究

3　中世・鎌倉期の大乗仏教民衆救済活動研究

4　近世・足利室町期の大乗仏教民衆救済活動研究

5　近代・明治期の大乗仏教民衆救済活動研究

6　大正期の大乗仏教民衆救済活動研究

7　昭和期・戦後民衆救済活動研究

大乗仏教の救済思想　信仰と実践

救済思想及び実践活動と現代

学問の基礎は哲学にあり　哲学は万物の女王

社会貢献　現代社会問題の所在とその解決法　社会起業研究
臨床心理士の育成、グリーフケアー
精神保健福祉士・社会福祉士一般及び通信コース

8　アジア仏教民衆救済活動研究

四十年以上、教育事始めとし「能満幼稚園」その後「ちはら台幼稚園」そして「まきぞの幼稚園」「おゆみ野南幼稚園」と四園。子供たちの教育施設、夢のある心豊かな子供が育つことを願い、ひとり一人の子供の生涯の礎を培う教育道に専念して古稀を迎えた。月日の経つのは実に早いものである。「年とれば行歩もかなわず」『蓮如御文』（章）状態である。

働く父母の子供たちの為の保育園開園の社会ニーズが生まれ、国の政策、幼児教育無償化も手伝って時は保育園の時代、待機児童解消対策、その動向、社会政策により、「社会福祉法人おもいやり福祉会」を設立し「ちはら台東保育」「ちはら台南保育」「誉田おもいやり保育園」更に市原国分寺山田橋に「市原令和保育園」（令和三年四月開園）、企業主導型ちはら台学園広場令和保育園（同）、誉田うぐいす会保育園（同）開園の実現を企画している。

高等学校は、福井県の私立「敦賀国際令和高校」、令和三年四月再開計画も進んでいる。学園としては、幼稚園から始まり高等学校へそして高度専門士学位の四年制専門学校の道を進み大学院進学の企画構想一貫教育道を夢見ている。

夢叶うと信じ、初心を忘れずに、初心貫徹を心から願う学園建学精神による。可能性を現実化する念願成就の企画構想である。夢にチャレンジとも言える。

学園の思想には、自主的によく学ぶ学生ばかりでなく、児童発達支援事業所に通う個性をもつ子供の子供らしいありのままの成長を願う教育企画もあり、更には学校が好きになれない不登校の子供も含めた人間救済教育企画も範疇にあり、あらゆる人々の教育の均等機会を願う教育実践思想が存在する。

勉強好きな自主的に生きる子供に育ってもらう為には、子どもに向かって「勉強しなさい」「遊んでいないで、勉強しなさい」と口癖のように口走る親の言動。この事は禁句、注意を要する大切な事柄である。母親のこの言動の為に、子供を勉強嫌いにしてしまう弊害がはかり知れないと考えられている。

人は、生涯生きている間が学習期間であり、生涯学習を続けることで成長と発達が見られるであろう。生きていることの喜び、生き甲斐も見つけ得る。

学習を通して、友達や人を尊重することを、人の身になって考えること、人に役立つ、みんなの為に身を惜しまず積極的に貢献するようにもなる。

継続をし発展をして人は育つ。モラルの涵養、学習の大切な主人公である子供が母親の一言「勉強をしなさい」で勉強嫌いにしてしまう。

遊びも大いに役立つことを知って、上手に育ててほしい。

不登校の原因を作らないでほしい。

母親へのお願いである。

第二項　一貫教育構想

学校法人阿弥陀寺教育学園

令和国際大学院大学　文科省申請夢チャレンジ構想

文学研究科　大乗仏教民衆救済学専攻
博士課程前期　二年　学位「文学修士」取得コース　定員各一五名程を想定
博士課程後期　三年　学位「文学博士」取得コース　定員各一〇名程想定
通信制大学院大学　千葉キャンパス　七尾キャンパス　一関キャンパス（旧千厩小活用）
各キャンパス　学年定員　一〇名定員の構想である。
大乗仏教文化において民衆救済活動に情熱を捧げた人物を発掘し、その顕著な業績を研究、現代社会に民衆救済の意義を問う。人文科学からのアプローチである。それは夢であり、夢叶うと信じる学園構想でもある。

国際医療福祉専門学校

1　千葉校

(1)リハビリテーション学科

①　理学療法士コース　三年制　定員四〇名

② 作業療法士コース　三年制　定員三〇名（令和三年四月開科）

(2)救急救命学科　二年制　定員四〇名

新学科設置希望

(3)地方創生人間教育学科（四年制）高度専門士学位

大学院への道

社会福祉士、精神保健福祉士養成コース　通信制一年制　開講予定

2　四街道校／厚労省介護福祉士養成校　専門学校新国際福祉カレッジ

(1)介護福祉学科　二年制　定員四〇名

3　七尾校

(1)理学療法学科　三年制　定員三五名

(2)救急救命学科　三年制　定員三五名

(3)介護福祉学科　二年制　定員三五名

新学科

(4)地方創生人間教育学科　四年制　定員三〇名（令和三年四月開講希望）

4　一関校

(1)理学療法学科　二年制　定員三五名

(2)救急救命学科　三年制　定員三〇名

(3)ふる里創生人間教育学科　四年制　定員四〇名

社会福祉士　精神保健福祉士　養成課程　令和三年四月新学科開科

問題は、地域に歓迎されて東北全体、地域社会に根をはることができるか。

5　幼稚園

(1)能満幼稚園

(2)ちはら台幼稚園

(3)千原台まきぞの幼稚園

(4)おゆみ野南幼稚園

保育園

(5)ちはら台東保育園

(6)ちはら台南保育園

(7)誉田おもいやり保育園

(8)市原令和保育園　令和三年四月開園

(9)ちはら台学園広場令和保育園　企業指導型　定員六十名　令和三年二月開園予定

(10)うぐいす会誉田保育園企業主導型　定員三十名　令和三年二月開園予定

6　インターナショナルスクール

小学生、中学生、高等生コース

(1)よく学びよく遊べＩＤ形成学院

夢叶う

a　よく学べコース　医療福祉系進学コース

b　よく遊べコース　不登校児の為の自由学院

7　学校法人湖海学園

敦賀国際令和高等学校　普通科　三年制

別枠通信制高等学校（広域通信制）中高一貫教育校を設置希望

阿弥陀寺教育学園　国際医療福祉専門学校敦賀校　災害救命消防スポーツ学科　三年制

福井県庁申請予定

8　学校法人阿弥陀寺教育学園附属

古城江観画伯記念館　市原芸術文化の杜

学園コミュニティ広場菊間教育会館

教育学園実践仏教学学習施設としての活用

親鸞聖人開宗

蓮如上人中興

卍　浄土真宗　霊鷲山　阿弥陀寺　本院　千葉県庁際

地域コミュニティ　市原御坊

能満門徒会館　菊間若宮門徒会館　四街道門徒会館

マハヤーナスクール　親鸞教室　声明教室

Ⅰ　霊園事業

メモリアルパーク千葉東霊苑　市川東霊苑　市川聖地霊苑

第1・第2船橋メモリアルパーク　佐倉やすらぎの郷　佐倉メモリアルパーク

メモリアルパーク市原能満霊苑　桜の郷市原能満聖地霊苑　桜の郷花見川犢橋霊苑

Ⅱ　教育事業／児童福祉施設

(1)学校法人阿弥陀寺教育学園

(2)学校法人宇野学園

(3)社会福祉法人おもいやり福祉会

ちはら台東保育　ちはら台南保育園　誉田おもいやり保育園　市原令和保育園

ちはら台学園広場令和保育園（教育学園　令和三年二月開園予定）
うぐいす会誉田保育園（令和三年二月開園予定）

Ⅲ　敬老事業／高齢者・障害者福祉実習施設

(1)介護付有料老人ホーム敬老園
稲毛　札幌　八千代台　東京武蔵野　東船橋　大網白里　浜野　矢作台　サンテール千葉

(2)医療福祉法人シルヴァーサービス会
介護老人保健施設船橋うぐいす園　高品クリニック

(3)社会福祉法人うぐいす会
特別養護老人ホーム誉田園　ケアハウス誉田園　心の風元気村　アネックスからは～い
住居作業所　グループホーム（令和二年九月開園）　稲毛グループホーム　通所デイサービス花水木

学校法人阿弥陀寺教育学園　企画構想

ＩＤ形成インターナショナルスクール

ａ　よく学べスクール　小中高予備学校　医療福祉進学コース

ｂ　よく遊べスクール　居場所　不登校児　絵画教室

ライセンス学院　保育士受験コース

市原民間救命センター　救急救命人命救助教室

障害者共生グループホーム　からは～い第四期　通所デイサービス

阿弥陀寺教育学園　七尾駅前に開設へ希望

石川県七尾市にある理学療法士・救急救命士などの養成校・国際医療福祉専門学校七尾校を運営する阿弥陀寺教育学園（千葉市中央区）は、七尾市が今年中の改装オープンを目指しているＪＲ七尾駅前の複合商業施設パトリアに、教育関連施設を開設する方向で同市と話しを進めている。

宇野弘之理事長・校長によると、新たな教育関連施設には大きく二つの機能を持たせる方針。第一に「地域創生研究所」として学生や教員、地域住民たちが協力し、地域活性化などを検討する。第二に「令和教育研究所」という名称で、不登校の小中高生が集まって遊んだり運動したりする場所を計画中だという。このほか、教員や学生による住民向けの介護教室などを開き、住民の健康増進にも貢献しながら学生が学び深める場にもしていきたいという。

開設場所としては、パトリア三階の一部を借りる予定で現在、同市と交渉中。宇野理事長は「七尾市民の方々と共に故郷の創生に努めたい」と話している。

（中外日報　二〇二〇年（令和二年）四月二十四日）

第三項　古城江観画伯記念館市原芸術文化の杜

古城江観画家邸アトリエの寄贈の話があったのは、共に親鸞ファンで昔からの知己、宮下勇治氏（元市原市議）からであった。

古城大陸氏（息子さん）が高齢になり、アトリエを保存してくれる人を探している。市原市も千葉県にも要望しているが、話しがまとまらない。引き受け手を探している。

困っている。

「宇野先生、引き受けてもらえないか」とのお話があった。

早速、宮下先生と共に、古城邸に伺った。

日本画家古城江観画伯邸は、市原市若宮に隣接した住宅地、菊間の森の中にあった。

アトリエは木造で、かなりの年数の建っている老朽化した建物であり、放置すれば、時間の問題で、荒れはて崩落することが目に見えている。主屋共々、かなり手入れが必要である。

私共の国際医療福祉専門学校千葉浜野校にも近く、不登校の子供の絵画教室（居場所）、教員の会議室やアウトドア、ピザパーティー等の意気投合、コミュニティにも適している。

戸を閉め放しでは建物の痛み老朽化が尚一層進む。

「阿弥陀寺教育学園附属　古城江観画伯芸術文化の杜構想」（案）を古城大陸氏に示し、賛同を得て、お引きうけすることになった。

できることからまず一つずつ行っていこう。

まず活用前に、

<table>
<tr>
<td rowspan="3">阿弥陀寺教育学園附属古城江観画伯芸術文化の杜構想（案）</td>
<td rowspan="3">よく学び、よく遊べコース</td>
<td>幼・小・中学生自由学校
bよく遊べ　この指とまれコース</td>
<td>1　小規模保育園　グループホーム
2　英会話コミュニティー
3　芸術の杜総合コミュニティ広場
絵画　書道　陶芸教室
総合学習　ID形成の基礎「よく遊べ」
ニワトリ　コミュニティ広場場所　養蚕　養蜂
サツマイモ畑　農福連携　ドジョウ　フナ　ニシキゴイ　ザリガニ　ピザ釜　ボーイスカウトの飯盒キャンプの指導
運動　脳の活性化</td>
</tr>
<tr>
<td>小・中・高校生
aよく学べ予備校</td>
<td>1　医療福祉進学基礎学習予備学校
医師　歯科　救命士　理学作業療法士　介護福祉士等をめざす
2　ID形成基礎コース　ID形成不全の克服　自分の好きなことを一つ見つけよう
3　救命蘇生の学習</td>
</tr>
<tr>
<td>生涯学習コース</td>
<td>1　ライセンス取得学院　保育士　補助保育士
2　高齢者健康保持　健康長寿の智慧
生き甲斐発見　スポーツ愛好コース
3　芸術文化の杜　地域コミュニティ門信徒会館
4　地方創生、活性研究会　チバニアン研究
5　社会問題解決サポート研究　虐待　不登校　児童発達支援
6　ボランティア育成教室　研修場活用
7　学園那須セミナーハウス研修場も活用
8　高齢者コミュニティー広場、居場所、及び訪問リハ・デイサービス</td>
</tr>
</table>

一　竹やぶ、樹木、庭の整備

一　主屋、アトリエの補修

一　庭の池の子供の安全確保　埋めて蚊の発生防止、蚊の退治、小さな池にして金魚など魚の飼育等を行う。

専門家、プロの木こりによる伐採倒木、樹木の整備、宮大工さんに建物の腐敗部分の除去、雨漏り防止修繕、土木造成のプロに池の埋め立て等の整備補修を依頼することにした。

「よく学び、よく遊ぶ会」（会員制）による維持運営実施案を実行に移す予定である。

位牌もあるというからアトリエに仏間をつくり、本尊名号と共に安置することも考えられる。

入口に門があると趣きがあり、尚良いなどと構想を提言した。

五年程かけて順次手を入れ、再生する計画である。

古城江観画伯とはどんな人か

大正十二年の関東大震災で首都東京は見るも無残な惨状であった。そのすさまじさをぼう然と眺めながら古城青年は、ふと海外に飛び出そうと決意した。目的は東洋各地の仏跡探究であったが、とにかく夢中で日本をあとにした。

大正十二年の晩秋だった。

古城青年の旅の幕開けは台湾から、そして南支（現在の中国）、ジャワ、バリ島、ビルマ、インド、エジプトなどを渡り住むうちに四年半の歳月が流れていた。その間、仏教美術の研究に励んだり、仏教経典や土俗品などを多数収集する一方、描いた画が生活の糧となった。

このあと古城青年は、東洋をあとにヨーロッパへと移っていく。フランスを中心にヨーロッパのほとんどの国を訪れては作品を数多く制作し、それが好評で高値がつく。従って放浪画家のフトコロ具合は豊かで、そのうえ各国の要人と知遇を得ることができて、これが「日本画流布」の大きな原動力となった。とくにフランスではアーチストフランセなどに計九回十八点の作品を出し、その中の『ジャワ漁村』がフランス近代美術館に買上げられたり、さらにフランス政府からオフシェ・ダ・アカデミー勲章を授与されている。こうした中で、スイスのジュネーブでの国連総会に集まった各国全権に、日本画を紹介する

Sehr geeherter Herr Kojo !

Berlin Feburuar 1932

拝啓　古城江観　殿

Der Herr Reichspras I Dent hat mich beauftragt,
Ihnen seinen verbindlichsten Dank fur die Aufmerk
Samkeit die Sie ihm durch Ueberreichung des von
Ihnen gefertigten Gemaldes erwiesen haben zum Aussar
Druck zu bringen
In vorzuglicher Hochachtung!

大統領閣下は、貴方が立派な署名入り絵画を贈られたことに対し、
深い感謝の気持ちを伝えるようにご依頼を受けました。

敬具

心より感謝しつつ

Herrn
Kumstmrer Kojo
Berlin 9
Friedrion Ebert-str-6
Bei Tetsudosho

古城江観画伯宛
ドイツ大統領　ヒンデンブルク将軍

謝状

チャンスが得られ絶賛を博したことは、日本画にとってというより、日本文化の一端を世界にPRできたことに大いに満足感があったと画伯は述懐する。

ヨーロッパでの業績をふまえて、画伯の旅は海を渡ってアメリカへ。ニューヨーク、ロスアンゼルス、サンフランシスコで個展を上宰、サンチャゴ、メキシコ、ハワイを経てなつかしい祖国日本へ帰ってきた。この間実に十一年に及ぶ世界漫遊の長旅であった。帰国後は従軍画家として中国や海南島へ行き、戦争の生々しさをスケッチした。

閑雲野鶴の如し

古城江観画伯の思い出　追悼

市原市在住の日本画家、古城江観画伯（本名　古城三之助）が逝去した。

十月二十五日午後六時五十七分、入院先の市原市内の病院で、息を引き取った。九十七歳の天寿を全うされた。

夜七時から自宅で通夜ということだったが、私は時間より三十分も早く古城さん宅を訪れた。まだ他に通夜の客はなく、たった一人で祭壇の遺影を眺め、焼香させてもらった。

辞する時になって、喪服の人たちが訪れはじめた。私は遺族のどなたにも会わなかった。玄関先から通りに出る庭の中を抜ける時も、顔を伏せて弔問の人たちと視線を交わすことを避けた。そうすることで、いまお別れを告げてきたばかりの古城さんとの出会いと思い出を、私だけの胸にしまっておきたかった。

私が始めて菊間の古城江観さんをお訪ねしたのは、五十一年春先の頃だったと思う。明治二十四年生まれの古城さんは、五月十八日の誕生日を迎えれば満八十五歳になるという年だった。

私を案内してくれた知人のおかげもあったのだろうが、古城さんは初対面の私を旧年の知己のように接してくれた。本場のしょうちゅうをコップでぐいぐいやりながら、鹿児島県出水郡高尾野町の郷里のことや、大正十二年から昭和八年まで十一年間に及んだ世界漫遊スケッチ紀行の話など、文字通り時のたつのを忘れて話し込んだものである。

若宮神社の真下にある屋敷は、古木に近い樹々が生い茂り、母屋と離れて池に面した奥庭には、カヤぶきの大きな二階建ての建物があった。

古城さんは日本画壇の重鎮黒田清輝（くろだせいき）に認められたのがきっかけで、美校時代は福井江亭（ふくいこうてい）、山元春挙（やまもとしゅんきょ）に師事、独特の日本画を創出した。恩師福井江亭は、早くから市原市菊間に別荘を持ち『五瓢庵』と名付けていた。世界漫遊から帰朝した古城さんが、この『五瓢庵』を師から譲り受けたのは、昭和十二年八月だったという。

『五瓢庵』の扁額（へんがく）は、住まいにしている母屋の玄関に飾り、池に面して建つ、古びたカヤぶきの二階建てが『五瓢庵』であった。二ツ折れの階段を上がると、庭に面してガラス戸のはまった縁側が伸び、二十畳くらいの座敷は、書院造になっている。

春の新緑、秋の月の夜などに私はこの部屋に招じられて酒を飲んだ。夫人の喜美さんもまだ丈夫で、手作りのおでんなどで、もてなしてくれた。興に乗ると夫人が三味線を引き、古城さんはこれに合わせて、郷里の民踊の手踊を披露してくれたものである。

五十七年三月には当時のニューナラヤ（現千葉三越）で久しぶりの個展を開いている。九十一歳になっていた。これが最後の個展になってしまったが、芸術に対する意気込みはさらさら衰える気配はなく、翌五十八年八月には市原市の寺院から頼まれ、本堂新築記念のためのインド仏陀伽耶霊塔の絵を完成させている。

意外と知られていないのが「古城コレクション」と呼ばれるもので、十一年間に及んだ世界漫遊中に収集した膨大な世界の民俗品、資料を郷里に寄贈。鹿児島高尾野町ではこれをもとに郷土館と併設して「古城江観画伯コレクション館」を建てて公開した。

また同町はツルの渡来地としても知られるが、おでんを食べ、鹿児島のしょうちゅうを飲みながら、「私のコレクションをお見せしたい。それから特別天然記念物のツルも見せたい。高尾野町へ一緒に行きましょう」と、古城さんはしきりと私を誘った。

また、「いま、若い日の世界旅行の思い出を整理しているんです」と言って、古いメモや書きかけの原稿を見せてくれた。それは古城さん宅を訪ねるたびに、繰り返された。私も「原稿整理なら手伝います。そして新聞に連載しましょう」と、何度か、約束した。

しかし、その後私は仕事の都合で、しばらく家を離れた。そのうち古城さん宅を訪ねる時は、必ず一緒だった親しい知己が、病気で急逝されたこともあって、足が遠のいていた。

いつも届く年賀状が、ことしの正月は配達されなかった。どうしたのか、と案じていた。案じただけで、それ以上のことはしなかった。私の知らないうちに、古城さんは市原市内の病院に入院されていたらしい。私は見舞いにも行っていない。そして古城さんは亡くなられた。申しわけなく思っている。

初冬を迎えたいま、狭いわが家の庭で、数十本のシャガの葉が、まだ緑々した色のまま茂っている。『五瓢庵』の池のほとりに咲いていた一、二本を、古城さんが引き抜いて私にくれた。持ち帰って庭に植えた。いまではそれが増えた。

霜の下りるころ、シャガの葉も枯れる。だが、来春にはまた新芽を吹き出し、さらに増えるだろう。が、古城さんに会うことは、もう二度とできない。

一九八八年　昭和六三年十一月十二日（土曜日）千葉日報　報

千葉日報文化部　千葉宣朗

第四項　初めてのオンライン入学式

令和二年五月十一日午前十時より、国際医療福祉専門学校千葉校のオンライン入学式を挙行。ＮＨＫの取材があり、当日十二時よりのお昼のニュース（関東ネットワーク）で放映され、「見ましたよ」と思わぬ反響があった。

救急救命学科、理学療法学科新入生の呼名、学校長による入学許可に続いて「新入生の皆さんの御入学おめでとうございます」に始まる「新入生への学校長祝辞」があった。

祝辞

何よりも大切な命。生命への畏敬を建学の精神としています皆さんの学校、わが校は「医療と福祉」の現場で御活躍為さいます大切な「専門職者」を育成する学校です。志ある皆さんに御入学頂き、一同心から皆々様に感謝している処です。

なぜオンライン入学式なの、と不思議に思われている方もいらっしゃるとかと思います。ご存知の通り、新型コロナウイルスの発生感染による「緊急事態宣言」そして「特定警戒都道府県」指定。その期間延長に伴い、わが校も開校以来二十年、初めてのオンライン入学式挙行となりました。

私共も一万枚弱の貴重なマスクを手に入れまして、病院や保健所に寄贈させて頂いたり、一日も早くコロナ感染警戒が解かれますことを心から念じ、今日の日を迎えています。皆さんと一緒に教室で学べる日迄オンライン授業実施となりますこと、まずは御理解頂けたら嬉しく思います。

さて、皆さんはそれぞれ志をもって当校に御入学頂いたと存じます。

一人でも多くの尊い命を助けられる「救急救命士」になりたい。ドローンを操縦できる救命パイロットになりたい。リハビリを必要とする患者さんに機能回復の施術を施すセラピスト、理学療法士になりたい。

国家資格取得を目指し、夢叶う当校においで頂いたかと思います。

厚生労働省の指定校の当校にて知識と技術の研鑽に努め、所定の学習を修め、始めて国家試験に臨むことができます。学習単位が決められています。

本来の四月入学式が新型コロナ感染の影響で本日になり、夏休みも短縮、土曜授業の学習も行う状況が生じています。

ご一緒に初心を貫き、がんばりたい所存でございます。

さて、この数年、社会のニーズ、動向は少しずつ変わりつつあります。

救急救命士は、大切な救急車による人命救助活動に加えて救急病院等の救命士の活動、その業務の拡大が検討されています。

理学療法士もセラピストに求められる基本的な資質能力、基礎医学、臨床医学、障害者別の理学療法技術等、専門分野の学習が待ち構えています。

卒業後先輩たちと共に医療現場で活躍する大切な命をささえる専門家になって頂きたいと心から願っています。

「よく学びよく遊べ」楽しい充実した学生生活を不退転位で過ごされまして、初志を貫徹し、念願成就為さいますことを心から念じ、御入学の祝辞とさせて頂きます。

令和二年五月十一日

学校法人阿弥陀寺教育学園　国際医療福祉専門学校千葉校

理事長　学校長　宇野弘之

学校長祝辞に続いて、各学科教職員、学校事務局の紹介があり、来賓祝辞は略し、時間を短縮して入学式を終了した。

五月二十六日、緊急事態宣言解除により、日常生活が徐々に尋常にもどるまで、オンライン授業であるが、コロナに攪乱された日々も六月一日より、幼稚園も入学式を開催し、通常保育に戻った。生まれて初めての出来事であった。

NHK NEWS WEB

千葉　NEWS　WEBには

コロナ救急救命士養成にも影響

千葉市にある救急救命士を養成する専門学校で、十一日、一ヶ月遅れの入学式がオンラインで行われました。

各地の病院が新型コロナウイルスの対応に追われる中、実習生の受け入れ先が見つからず、救急救命士の養成にも影響が及んでいます。

救急救命士などを養成する千葉市中央区の国際医療福祉専門学校では、およそ一ヶ月間、延期していた入学式を十一日、オンラインで行いました。

入学式には、およそ四十人の入学生が参加し、宇野弘之学校長が「新型コロナウイルスで感染者が増え続け、大変な時代ですが、人の命を救うことを志したみなさん、一緒に初心を忘れず頑張りましょう」と挨拶しました。

入学生は二年間にわたって座学や実習を行いますが、救急車や人体模型を使った実習は濃厚接触になるおそれがあるとして、臨床実習の受け入れ先が見つかっておらず、今後の教育への影響が避けられない見通しだということです。

学校では十二日からオンラインで、救急救命の基礎的な知識などを学ぶ授業を先行して始めるということです。

石塚光宣副校長は「実習の受け入れ病院が見つからないと、学生が必要な実習をこなせない事態となってしまう。病院も大変だと思うが、今後も調整を進め、受け入れ可能な病院を見つけていきたい」と話しています。

第五項　令和おもいやり保育園起工式

少子社会にもかかわらず、幼児教育無償化に伴う保育園入園希望待機者は、なぜか後をたたない状況である。

令和二年六月二日午前十一時より、「(仮称) 市原令和おもいやり保育園」の起工式が行われた。

建築主　社会福祉法人おもいやり福祉会
設計管理　株式会社長建設計
施工者　株式会社笹原工務店

当日、晴天に恵まれ、三十名程の参加者の下、仏式にて導師阿弥陀寺住職他式衆四名にて起工式が行われた。

御本尊阿弥陀如来、三具足荘厳のもと、伽陀、表白、歎仏偈、念仏和讃と、勤行は進んだ。

起工式表白

本日私たちは
招喚の救世主阿弥陀如来
さあゆけと追いたてる
発遣（ほっけん）の教主　釈迦如来
二尊の御加護を仰ぎたてまつり
地域待機児童解消の歩みを
確かにすべく
市原市民の総意を結集し

本日　社会福祉法人
市原令和おもいやり保育園の
起工式を営む
万徳の如来　諸佛の加被と諸聖衆
の護念を仰ぎ
この大業成就を望む
乞い願わくば工事万般の安全を祈念し
慶事のなからん事を念ず
報恩謝徳の称名念仏十念　南無阿弥陀仏〳〵
令和二年六月二日
霊鷲山阿弥陀寺住職敬って申す

読経後、社会福祉法人おもいやり福祉会宇野弘之理事長のご挨拶があり、ノンアルコールの祝酒による献杯があった。

本日は市原市の「児童福祉法」に基づく待機児童解消政策、一六五人という大規模な保育園開園に伴う起工式、皆さんと共に仏式にて厳粛に挙行できましたこと誠に感慨無量です。まずは、起工式が皆さんと共に無事に行われましたことをご報告を申し上げます。

保育園建設地は市原市山田橋という表記ですが、この地域は、広く国分寺として知られる歴史ある地域でございまして、文化財の発掘にご尽力頂きお陰様で本日の起工式となりましたこと、心から感謝申し上げます。今、工事中の市原市文化財博物館に保存されるとお聞きしています。

さて、国分寺、国分尼寺は七四一（天平十三）年、聖武天皇の発願によって五穀豊穣（ごこくほうじょう）（人が口にし、命をつなぐ大切な米、麦、粟（あわ）、ひえ、豆の実り）を念じ、鎮護国家（ちんごこっか）（仏教によって国の乱れ、争いを鎮め、守り、保護し、和を敬う）、その為に、皆さんよく御存知の『般若経』『金剛経』等を読経、論説、理解し修行に励み、律令国家は、国ごとに国分寺、国分尼寺を造り、上総の国には、七重の塔も輝いてようです。

国分寺の中枢を東大寺がにない国家仏教の態勢を整えた律令国家は、律は犯罪、刑事法、令は国家制度全般、今日で言う憲法、行政法、私法、訴訟法で、明治以前に福祉制度（救済法令）がありましたのは、歴史上律令国家のみであります。

貧困者救済が現在の『生活保護法』と違い、近親者が援助して面倒を見るという制度でした。高齢者福祉、障害者福祉、児童福祉の壮大なる体系がありましたが、当時は八十歳以上の人は少なく、高齢者介護は『給侍（きゅうじ）条』において、高齢者も、精神障害者、五体不満足の人、眼の御不自由な人に対し『侍（じ）』という介護者を必ずつける。今日は看護者ヘルパー制度ですが、介護は、子孫、近親者をあてる。侍（じ）になる人は仕事をやめてでも介護をしなくてならないという天平の世でした。

子供も近親者を頼りにし面倒を見た時代ですが、豊かな成熟国家、福祉国家のわが国ならではの、令和の世の保育園の建設、開園であります。

保育園に大切な子供を預け、父兄が安心して就労して頂ける保育園開園は子どもや孫、ひ孫の世へのビッグプレゼントです。

建設に携わる皆さんにおいては、安全第一に怪我の無いように、御尽力を賜りますようよろしくお願い申し上げます。

ちはら台学園広場にも六十人規模の保育園を年度内に開園を致します。保育士・保育士補助五十〜六十人の募集を行う必要があります。御紹介方よろしくお願い申し上げます。

日頃の皆さんの、お力添えに心から感謝し、社会福祉法人おもいやり福祉会理事長としての起工式御挨拶とさせていただきます。

令和二年六月二日

社会福祉法人おもいやり福祉会

理事長宇野弘之

市原に来春　保育園を開設

千葉県市原市に来春開園する「市原令和おもいやり保育園」（仮称、定員一六五人）の起工式が二日、同市山田橋の建設地で行われた。

浄土真宗阿弥陀寺（千葉市）の宇野弘之住職が「おもいやり福祉会」理事長として取り組む幼児保育事業の一環だ。若い子育て世帯が近年増えている市原市の待機児童解消に向けた保育園運営事業者の公募に申し込み、認可された。

東京湾を西に望む標高約二十八メートルの高台にある建設地は、奈良時代に聖武天皇の命により国分寺が建てられた史跡の近くで、昨年地中から古墳〜奈良・平安時代の遺跡が見つかり、発掘調査のため約五ヵ月間、着工を延期していた。

起工式にはおもいやり福祉会の理事・評議員、長建設計、笹原工務店などの建築関係者らが参列し、宇野理事長の導師により法要を執り行った。

席上、宇野理事長は「国分寺が創建された天平の世は、高齢者や障害者の介護を家族や近親者の義務として法令で厳しく定めていた。成熟した福祉国家となった現代の日本では、保育園に子どもを預け、父兄の皆さんは安心して社会活動をしていただける。保育園の建設に携わる皆さんには安全第一で尽力を賜りたい」と述べた。

宇野理事長はこのほかにも、近くの「ちはら台学園広場」に六十人規模の保育園を今年度内に開園することを発表した

中外日報　二〇二〇（令和二）年六月一〇日

第二節　未来ある子供の生きる権利をめぐって

第一項　児童虐待事件

ＮＨＫテレビの再々放送の放映、報道各社は、衰弱状態で放置された生後十か月の児童虐待事件について社会問題として大きく取り上げた。

身近におこった悲しい虐待事件である。

母　＊＊＊＊　二十三歳　＊＊＊＊ちゃん　十ヶ月　一月二十五日寂　未就園児（園未使用）

園児名　＊＊＊＊＊ちゃん　五歳　幼稚園在園児

　＊＊＊＊＊くん　二歳　保育園在園児

　※個人情報配慮、子供の将来も考慮し氏名はふせることにする。

幼稚園も保育園も市原市子供未来部子供福祉課　子供家庭総合支援室に児童虐待通告を

行ったが、適切な対応がされず、尊い幼い命が失われた事件である。

家庭病理でもあるが、社会問題となった。私共は今回の不幸、衰弱死事件を一同悲しく思っている。

四十年以上、幼児教育に力を入れ、現在は四幼稚園、三保育園を継続運営し地域の大切な子供を預かっている。

夢を実現し、プロゴルファー、Ｊリーガー、国立大学医学部大学准教授、産婦人科医等それぞれ活躍している卒園児が多々いる。

「一人一人の子供を大切に」未来ある子供の命を預かり、けがの無いように、仲良く遊ぶ「ありがとう」と言える子供を教育目標としている。

教諭、保育士は、それぞれ教育訓練を得て園に就職していて、尊敬できる心ある人たちであり、現場での父兄や子供の動き、虐待等には敏感で、子供の命を何よりも大切に考えている。

園では虐待の可能性もありと判断し、通報義務もありと考え、すぐに市原市担当課に通報をした。

〈問題点〉

・四十八時間ルール

「児童福祉士」有資格者を置くこと（不足、確保できていない状況にあり）

児童虐待に四十八時間以内に対応すること「厚労省基準」

「去年の段階事例　一万一千九八四件の通告　全体の7.8パーセントが安否確認が守られていない」（二〇一九年八月一日　日本経済新聞記事）

・通告と思わず放置し、「市は〝虐待〟という形で見ていなかった」「判断を間違ったのでは」　一月二十五日死亡。

・緊急を要する案件と見ていなかった

・様子見ではいけなかった。何のための通報か

・基本は早期発見　早期対応　治療が原則である

県の児童相談所にも、大切な命を守る為、今後は園から直接連絡を入れることを念のため理事長が各園に指示した。

2020（令和2）年6月10日（水）　朝日新聞千葉版

「母といつも一緒の赤ちゃん見えぬ」

保育園 市に異変通報

市原女児死亡 要対協で共有せず

市原市で生後10カ月の小西紗花ちゃんが衰弱死したとみられる事件で、生前に兄の通う保育園が市に「送迎時に母親といつも一緒にいた赤ちゃんの姿が見えない」と通報していたことが9日、わかった。こうした通報や、市側が紗花ちゃんの目視を目指しながらできていない情報は、市の要保護児童対策地域協議会（要対協）で共有されていなかった。

紗花ちゃんは今年1月25日に死亡が確認された。市原署は今月3日、食事を与えず放置したとして母親(23)を保護責任者遺棄容疑で逮捕している。

保育園によると、昨年12月、長男の欠席が増え、送迎の際に連れていた紗花ちゃんの姿も確認できなくなった。保育園は同18日、市の虐待担当部署に電話で、「母子の安全を確認してほしい」「（子育て疲れが見え）母親の様子もおかしい」と通報したという。

市は、通報について「児童福祉法や市個人情報保護条例があり、通報の有無を含め言えない」（市子ども福祉課）としている。

市によると、この2日後に市の保健師が母子宅を訪問。紗花ちゃんが1カ月健診を受けて以降、必要な乳児健診や13回の予防接種をいずれも受けていなかったため、受診を促す一方、紗花ちゃんの目視をめざしたという。ただ、今後の母親との関係維持も優先したため、直接見ることはできず、泣き声の確認にとどまったという。

市は同24日、市の要対協で長女と長男、次女の紗花ちゃんの3人を見守りが必要な「要支援児童」に登録した。今年1月14日にあった要対協の実務者会議で、県警や県中央児童相談所にもリスト入りを書類で報告した。

ただ、市は、紗花ちゃんの目視ができていないことや、保育園からの通報があったことなどは報告しなかった。

市側は、目視ができない情報を伝えなかった理由について「担当者に確認中」（市子ども福祉課）とする。保育園からの通報を伝えなかった理由については、そもそも通報の有無の言及を避けており、不明だ。

市は1月23日には紗花ちゃんの目視のため、約束なしで保健師らが訪問したが、この時は玄関前での呼び鈴にも応答してもらえなかったという。山形昌啓・市子ども福祉課長は「虐待のリスクが高いという認識はあり、目視確認に努めたが、市に強制力はなく、できなかった」と説明した。その上で、朝日新聞の取材に対し9日も「市の対応は適切だった」との認識を示した。

「情報があれば安全確認」

市原市は、生後約1カ月以降に目視ができない状況などから、虐待の可能性が高いと認識していた。だが、保育園からの通報も含め、認識の元になった情報は要対協では共有されなかった。県警幹部は「一般的には、そういう情報があれば緊急性があるとして安全確認をするケースと認められる」と話す。

厚生労働省は、通知などで各自治体に対し、乳児健診や予防接種を受けていない子どもの家庭は、虐待のリスクが高いとして、保健師らが子ども全員の安全を確認するよう求めている。

児童家庭福祉が専門の流通科学大（神戸市）の加藤曜子教授は「0歳児は全面的に親に依存している。本来なら安全かどうかを早急に直接見て確認しなければならなかった。一部の人で抱え込んでしまったのではないか」と話す。

（寺沢知海、高室杏子、多田晃子）

■小西紗花ちゃんが亡くなるまでの経緯

2019年	
3月10日	次女として誕生
4月25日	市の保健師が家庭訪問。体重増加は良好だったが、母親の健康に不安があり、継続支援の対象に
9月26日	台風被害確認で保健師が訪問。父親からインターホン越しに子どもは元気と聞く。目視できず
12月18日	長男の欠席が増えた保育園が市の虐待担当部署に「送迎時に母親といた赤ちゃんの姿も見られない」と通報
20日	予防接種と健康診断が未受診のため、保健師が訪問。玄関で母親と会話。泣き声を聞くが目視できず
24日	市が要保護児童対策地域協議会で3きょうだいを要支援児童に登録
20年	
1月6日	保健師が電話。7日訪問を提案したが、母親が都合が悪いと21日に変更
14日	要対協の実務者会議。目視できていないことや保育園から通報があったことは共有されず
21日	母親が訪問をキャンセル
23日	保健師と市の相談員が約束をせずに訪問するが応対されず。玄関外から子どもの足音を聞くが、目視できず
25日	母親が別居中の夫に「子どもが息をしていない」と電話。夫が110番通報。救急隊が心肺停止の次女を発見し、搬送先の病院で死亡が確認される

2020（令和2）年6月11日（木）　朝日新聞千葉版

市原女児死亡

市、対応不適切認める

目視確認9カ月できず
児童相談所に相談せず

「児童相談所に相談するべきだった」――。市原市で生後10カ月の小西紗花ちゃんが衰弱死したとみられ、母親(23)が逮捕された事件。市は10日、記者会見し、約9カ月間、健康状態を確認できていないことについて、対応が不適切だったことを認めた。市では6年前の虐待死事件を受けて改善策を定めていたが、生かされなかった。

市は記者会見で、2019年12月18日に、紗花ちゃんの兄が通う保育園から、連絡があったことを明らかにした。「通っている子どもの欠席などが多くなっている。お母さんの状態など含めて心配だ」という内容だったとし、「紗花ちゃんについての情報ではなかった」と説明した。

一方、保育園は朝日新聞の取材に対し、「保育園の送迎時に、母親といつも一緒にいた赤ちゃんの姿が見えない」と、市の虐待対応窓口に通報したと答えており、市の説明と食い違っている。

この通報内容についても、市の担当部署は今年1月14日、県中央児童相談所や県警が参加する市要保護児童対策地域協議会（要対協）の実務者会議に報告していなかった。市は「市町村で対応できるレベルと判断したため」と釈明した。

また、市は19年4月25日、保健師が新生児の健康状態を確認するため、母親宅を訪問して以降、紗花ちゃんが乳児健診や予防接種を受けていなかったが、約9カ月間、目視で安否確認できていなかった。

厚生労働省は乳児健診や予防接種を受けていない子どもは虐待のリスクが高いとして、子どもの安全を直接確認するよう求めている。市は安否確認できていない状況も要対協に報告していなかった。

こうした対応について、市は当初、「適切だった」としていた。だが、市子ども未来部の三沢英二部長は「今振り返ると会えていないという点で児相などに相談して協議する必要があった」と話した。その上で「今後の捜査を踏まえた上で検証していきたい」と語った。

虐待死事件で定めた改善策
「目視で」生かされず

市原市では生後8カ月の男児が父親に暴行を受け死亡した2014年11月の虐待事件を受け改善策を定めていたが、今回の事件を防ぐことはできなかった。

当時の事件を検証した県の第三者委員会の報告書では、市の保健師が健康診断を未受診だった男児の姉の安否を目視で確認していないことを問題視した。姉の安否確認が、男児への虐待も未然に防ぐことができた可能性があるとして、「安全確認は目視を基本とする」との改善策がまとめられていた。

しかし、紗花ちゃんも、乳児健診や13回ある予防接種のほとんどが未受診だったにもかかわらず、市の保健師は、19年12月20日の家庭訪問で紗花ちゃんの泣き声を聞いただけで、目視確認ができなかった。三沢部長は「目視確認については反省しないといけない。（過去の検証が）生かせなかった」と話した。

（高室杏子、寺沢知海）

船橋で2人感染

県内では10日、新たに2人の新型コロナウイルスの感染が確認された。船橋市が女性2人の感染を発表した。県内の感染者は再陽性

2020（令和2）年6月11日（木）　千葉日報

市原乳児死亡は児相案件

市、一転 対応誤り認める

市原市で1月、衰弱状態で放置された生後10カ月の小西紗花（すずか）ちゃんが死亡し母親が逮捕された事件を巡り市は10日会見し、「虐待のリスクが高かった。児童相談所（児相）に相談すべきだった」などと述べ、児相に報告しなかった市の対応に誤りがあったとの認識を示した。今後、対応を検証するという。

市はこれまで、「児相の案件になるケースではないと判断した」「適切に対応してきた」などとしており、見解を一転させた。

一方、紗花ちゃんの兄が通う保育園が昨年12月、送迎時に紗花ちゃんを見かけなくなったことを不審に思い、市に「様子を確認してほしい」と2度連絡していたことが同園関係者への取材で分かった。

これに対し市は、保育園から連絡があったことは認めたものの、内容は兄の登園日数が減っていることなどで「次女（紗花ちゃん）についてではなかった」と否定、食い違いを見せた。

昨年12月の家庭訪問で紗花ちゃんの姿を確認できなかった市は今年1月23日、保健師ら2人が約束なく訪問したが、声掛けや呼び鈴に応答はなかった。

2日後の25日、通報で駆け付けた救急隊が痩せ細った紗花ちゃんを見つけ病院に搬送、紗花ちゃんは死亡が確認された。市原署は6月3日、保護責任者遺棄容疑で母親の小西理紗容疑者(23)を逮捕した。

日本経済新聞（インターネット版）二〇一九年八月一日

厚生労働省は1日、児童虐待を疑う通告から48時間以内に児童相談所などが子どもの安否を確認するルールが守られていない事例が、２０１８年７月～19年６月に１万１９８４件あったと明らかにした。同期間の通告全体の7.8％に当たる。

うち４１５件については子どもに傷やあざがあったり、親が子どもとの面会を拒んだりするなど緊急性の高いケースで、最終的に立ち入り調査や子どもの一時保護などの措置が取られた。

「48時間ルール」は18年３月に東京都目黒区で５歳女児が死亡した事件を受け、政府が18年７月に決定。しかし19年６月に札幌市で２歳女児が衰弱死した事件でもルールが守られていないことが判明し、厚労省が実態調査に乗り出した。

一方、18年度に全国の児相が対応した虐待件数（速報値）は前年度比19.5％増の15万９８５０件と

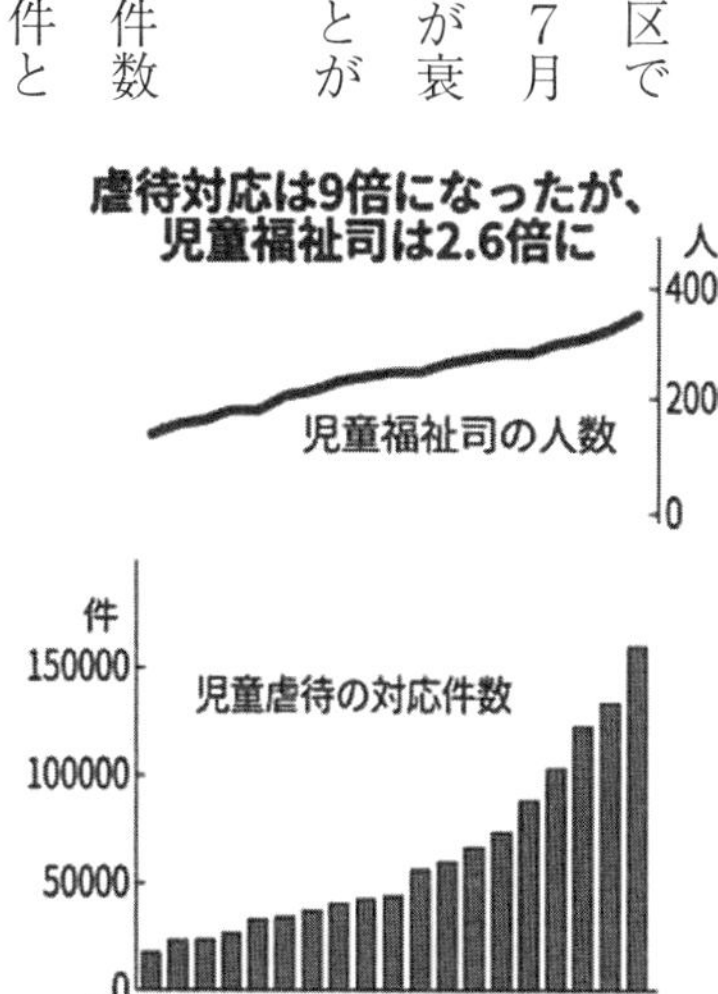

28年連続で過去最多を更新した。警察などからの通告が半数を占めており、厚労省は「虐待事件への認知度が高まり、市民からの110番が増えているとみられる」と説明している。

虐待の内容別では、子どもの前で家族に暴力を振るう「面前ＤＶ（ドメスティックバイオレンス）」などの心理的虐待が８万８３８９件（55.3％）で最多だった。身体的虐待が４万２５６件（25.2％）、育児放棄（ネグレクト）が２万９４７４件（18.4％）、性的虐待が１７３１件（1.1％）。心理的虐待は前年度から１万６１９２件、身体的虐待は７０３３件増えた。

政令市や中核市を含む都道府県別の件数では、大阪の２万６９４件が最も多く、神奈川１万７２７２件、東京１万６９６７件が続いた。最も少なかったのは鳥取の80件。全ての都道府県で増加し、増加率は沖縄（1.59倍）や山形（1.52倍）などが高かった。

令和二年六月七日

各都道府県知事　指定都市市町村　児童相談所設置市長　殿

厚生労働省子ども家庭局長

児童虐待防止対策におけるルールの徹底について

児童虐待については、児童相談所への児童虐待相談対応件数が年々増加の一途をたどっており、子どもの生命が奪われるなど重大な事件も後を絶たなど依然として深刻な社会問題となっている。

このような状況から、児童相談所・市町村等の関係機関に対しては、「児童虐待防止対策の教化に向けた緊急総合対策」（平成三十年七月二十日児童虐待防止対策に関する関係閣僚閣議決定）等を踏まえた対応をお願いしているところではあるが、北海道札幌市で二歳女児が虐待を受けて亡くなった事は極めて遺憾である。この事案を受け、下記に掲げる取組の徹底を改めてお願いする。

なお、本通知は、地方自治法（昭和二十二年法律第六十七号）第二四五条四第一号の規定に基づく技術的助言である。

記

1　子どもの安全確保を最優先とした適切な一時保護等の徹底

○　子どもの安全確保を最優先とする観点から、以下の事項を全国ルールとして改めて徹底する。

・　家庭訪問や子どもと会うことを拒む場合等関係機関との関わりを避ける場合等はリスクが高いものとして認識して対応すること。

・　リスクアセスメントシートの活用等により、リスクを客観的に把握し、リスクが高い場合には、一時保護等を躊躇なく実施すること。

2　子どもの安全確認ができない場合の対応の徹底

○　「虐待通告受理後、原則四十八時間以内に児童相談所や関係機関において、直接子どもの様子を確認するなど安全確認を実施する」という全国ルールに加え、立入検査の手順を以下のように見直し、全国ルールとして徹底する。

・　子どもとの面会ができず、安全確認ができない場合には、立入検査を実施すること。その場合、必要に応じて警察への援助要請を行うこと。

3　組織的な対応及び進行管理の徹底

○　虐待通告などの対応については、組織的に協議して決定すること

○　事例の運行管理は、状況の変化等についてのフォローを確実に行うため、すべての事例について定期的に確認すること。

児童虐待防止対策の強化に向けた緊急総合対策（抄）

（平成30年7月20日付け児童虐待防止対策に関する関係閣僚会議決定）

（緊急に実施する重点対策）

Ⅱ　子どもの安全確認ができない場合の対応の徹底

（「4　関係機関（警察・学校・病院等）間の連携強化」）

○「虐待通告受理後、原則48時間以内に児童相談所々関係機関において、直接子どもの様子を確認するなど安全確認を実施する」という全国ルールに加え、立入調査の手順を以下のように見直し、全国ルールとして徹底する。

・子どもとの面会ができず、安全確認が出来ない場合には、立入調査を実施すること。

その場合、必要に応じて警察への援助要請を行うこと。

Ⅲ　児童相談所と警察の情報共有の強化（「4　関係機関（警察・学校・病院等）間の連携強化」）

○　以下の情報は必ず児童相談所と警察との間で共有することを明確化し、全国ルールとして徹底する。

①　虐待による外傷、ネグレクト、性的虐待があると考えられる事案等に関する情報

②　通告受理後、子どもと面会ができず、48時間以内に児童相談所や関係機関において安全確認ができない事案に関する情報

③　①の児童虐待に起因した一時保護や施設入所等の措置をしている事案であって、当該措置を解除し、家庭復帰するものに関する情報。なお、情報共有の在り方については、引き続き各地方自治体における実態の把握・検証を行い、見直しを行う。

「児童虐待防止対策の強化に向けた緊急総合対策」の更なる徹底・強化について（抄）

（平成31年2月28日付け児童虐待防止対策に関する関係閣僚会議決定）

1　児童相談所及び学校における子供の緊急安全確認等

○　保護者が虐待を認めない場合、家庭訪問や子どもと会うことを拒む場合や転居を繰り返す等関係機関との関わりを避ける場合等はリスクが高いものと認識すること。この際、躊躇なく一時保護、立入調査を行う等的確な対応をとること

新たなルールのポイント（抄）

（平成31年2月28日付け内閣府男女共同参画局、文部科学省初等中等教育局、厚生労働省子ども家庭局）

3　一時保護解除後、家庭復帰を行う際の主な留意点

○　保護者が虐待を認めない場合、家庭訪問や子どもと会うことを拒む場合や転居を繰り返す場合等関係機関との関わりを避ける場合等はリスクが高いものと認識する。この際、児童相談所は必要に応じて躊躇なく一時保護する等的確な対応をとることや積極的に児童福祉司指導等の指導措置を行う。

〈「留意事項通知」の1　一時保護解除後、家庭復帰を行う際の留意点〉

（注）本文中の「留意事項通知」は、「児童虐待防止対策における対応の主な留意点について」（平成31年2月28日付け厚生労働省子ども家庭局長通知）を（中略）それぞれ指す。

児童虐待防止対策における対応の主な留意点について

（平成31年2月28日付け子発第0228第1号厚生労働省子ども家庭局長通知）

1　一時保護解除後、家庭復帰を行う際の主な留意点

○　保護者が虐待を認めない場合、家庭訪問や子どもと会うことを拒む場合や転居を繰り返す場合等関係機関との関わりを避ける場合等はリスクが高いものと認識すること。その際、担当者は、決してひとりで抱えず、援助方針会議等に状況を報告し、支援・指導方針を検討・変更することが必要であること。

○　リスクが高まった場合には、それまでの援助関係にとらわれず、子どもの安全を第一に、必要に応じて躊躇なく再度一時保護等を行うことや、積極的に児童福祉司指導等の

指導措置を行うこと。

児童相談所運営指針について（抄）

（平成2年3月5日厚生省児童家庭局長通知）

第3章　相談、調査、診断、判定、援助決定業務

第2節　相談の受付と受理会議

10　相談受付の方法

虐待に関する通告は、必ずしも通告という形でもたらされるとは限らず相談・情報提供等の形態でもたらされることも多いことから、外部からの個人を特定できる虐待に関する情報（略）については、すべて虐待通告として、虐待相談・通告受付票（虐待対応の手引き：第3章、表3―1を参照）を起こし、緊急受理会議を開き、対応を組織的に協議すること。

第6節　援助方針会議

(2)　援助方針会議は、原則として受理会議後、児童相談所が相談援助活動を行うこととしたすべての事例の援助について検討を行う。

なお、在宅の虐待事例についてのフォローを確実に行うため、ITシステムの導入・進行管理台帳の整備等を行うことにより、すべての事例について定期的に現在の状況を会議において検討することが必要である。

第二項　ドローン人命救助実験

ゴルフ場の熱中症対策 AEDをドローンで運ぶ実験　千葉県市原市
NHKニュース　2020年6月15日18時35分放送

夏場、ゴルフの最中に熱中症で倒れた人を迅速に手当てしようと、千葉県市原市のゴルフ場でAEDをドローンで運ぶ実証実験が行われました。

千葉県の市原市消防局によりますと毎年、夏場にはゴルフのプレー中に熱中症などで心停止に陥る人が増える傾向にあるということです。

こうした人の救命措置を速やかに行おうと、15日、市内のゴルフ場で救急救命士を養成する学校などがAEDをドローンで運ぶ実証実験を行いました。

実験はクラブハウスから1キロほど離れたところで人が倒れたという想定で行われ、ドローンはＡＥＤを目的の場所までおよそ2分半で届けていました。

現在の法律ではＡＥＤのバッテリーが危険物扱いとなるため、ドローンでの運搬は規制されていますが、学校は今後も実験を重ねて有効性を示すとともに規制の緩和を働きかけていきたいとしています。

国際医療福祉専門学校の増茂誠二理事長補佐は「山あいにあるゴルフ場で救命救急をいち早く行うためドローンは有効だと思った」と話していました。

南総カントリークラブのご協力を受け、ドローンによるＡＥＤ搬送の実証人命救助実験を行いました。

ＮＨＫの取材の中で、実際にゴルフ場内で人が倒れた事を想定して、ドローンを飛ばしました。

この模様は、6月15日夕方6時10分のＮＨＫ首都圏ネットワークの中で放送されました。

第三項　人間の心得

「事業は人なり」　職員　ワーカーの質の向上

㈠　仲良きこと　和を願って

企業体は、従業員、ワーカーを何よりも大切な財産と考えている。

発展させるのも、潰してしまうのもそこで働く従業員、プロ職員の質によって運命は左右されるという心得である、そう言っても決して過言でない程、企業体の業績を保ち、躍進するのも質の良い人材次第であるという格言である。

大きく変わりゆく変化の激しい二十一世紀社会、生き残れず組織が終焉してしまう企業も見られる。

企業は発展の為、どの企業も心ある良質のスタッフの確保に汗を流す。

人間の心得

一、ご挨拶

仕事開始時、「おはよう」「こんにちは」笑顔のご挨拶に一日が始まる。何よりも大切なコミュニケーション能力であり、ご挨拶をしても知らん顔同士であれば、チームとして望む成果を表し得ないであろう。このことは前文でも指摘した。ご挨拶の大切さがささやかれるのも、意外と自覚に乏しい職員がいるということかもしれない。

二、仲良きこと。言いかえると、和を敬うことがきっと人間の心得として必須である。ワーカーに第一に求められる「初心」なのかも知れない。それぞれの家庭の家風に育ち、育ち方も、人生観の違いも、時としてある人間同士は、和を保ちにくい生きもののようである。

自見に執し不和が無くならぬのは、心貧しい人々の集まりにあっては、日常茶飯事であり、家庭の和も、職場の和も、社会の安定も和を敬う精神にあるように思う。

和の尊さを国の柱として教訓を説き、篤く三宝を敬え、と仏教の心、和の重要性をお示しになったのは聖徳太子であったことは、日本の夜明けとしてよく知られている。

「さからうことなきを旨とせよ」

不協和音を否定し、ハーモニー調和のある美しい音色こそ人間社会の根本であると、お示しになった。

私という私観は、我れという我、自我であり、我を主張してさからう。

不和にして、調和が保てないのは、人間の心得喪失の心貧しい人格評価とも言えるかもしれない。

男性の職場の人間関係も、女性の人間関係も、改善はご挨拶、相手を思いやる心から始まる。

相手の存在を認める。ご挨拶は「今日も一日よろしくね」という敬意を示していよう。

言葉、人間のみに与えられた精神、やさしい言葉が大切であろう。

人の悪口は禁物である。

ついつい人の欠点に気づき、自分も不完全な人間であることを忘れ、人の悪口を言い、人を中傷する性質の人がいる。社寺の参詣人が互いに悪口を言いあう、悪口祭、喧嘩祭があるらしい。

勝った人は、その年から運が開けるという。

どんな運が開けるであろうか。少々疑問である。

地獄行き、閻魔大王に舌をぬかれるのが精々で「口は災いのもと」であろう。

人々のふるまい、身業（しんごう）（身体の活動）、口業（くごう）（言語活動）、意業（いごう）（精神活動、心で思うこと）は、人としての一切の活動の根源であり、悪い行い、悪業は、善い結果をそこない、草木を焼く猛火に例えられる。

「口が軽い」「口が堅い」「口うるさい」「口から先に生まれる」（おしゃべり）「口八丁手八丁」口に対する諺は多いが、言っても仕方ないことを言って嘆く「愚痴をこぼす」こともあろう。

人をほめる。人の悪口を言う。人の悪口を言えば、自分も悪口を言われる。互いに不愉快であり、何の徳も生まれない。

愚かな女性は、髪の毛を引っ張って喧嘩をする。業が深い人間の姿であり、誉められることではないであろう。悪口を言うの改めて人をほめてごらん。

抜群に人間関係、チームは向上に向うであろう。

口は災いのもと

自業自得、自分の行った行為が自分の身にその結果を導く。

人間の心得として和（仲良きこと）は、大切な事柄であろう。

質の向上、人間のコミュニケーションの向上は、ご挨拶、和の心が根本である。口酸っぱく繰り返すが、心得てほしい大切なことである。

白い花の咲く初夏、新型コロナウイルス感染防止規制 Stay home、つれづれなるままに筆を進め、湿気の多い梅雨入りの季節をすごすことになった。

親鸞聖人の銅像が見守る寺の本堂前の庭には桜、すもも、鉢の蓮、金魚が泳ぐ光景と共に夾竹桃の白い花が夢の叶った勝者の歓喜の姿あらわすように光を放ち開花している。

子供誕生のお祝いに市から贈呈された庭の木なのだが、大手工場のある国道添いにも大きく育った夾竹桃が白い美しい花を開花させ美しい。

昔、公害が話題になった地域の配慮なのか、公害にも強く、防止にもなると夾竹桃が植栽されたようである。

七十六歳の誕生日を迎えた。しかしながら、大上段で賢者の夕暮れの達観した人生論を語られる妙境にはない。

若き日、大学院で修士課程を修了し、文学修士学位を授与された頃、私は有頂天だった。高慢稚気で、何か偉い人間になったかの如く勘違いをし、誤った知覚状態にあった。加齢と共に、世の中には人助けする人や、事業を始め大成功をおさめた努力の人等々、すぐれた人間が大勢いること。秀れた輩には、更に能力の秀れた人がいることを悟り、自分だけの思い込み、独り合点のあさましさに気づき、ごく普通の自身であることに、ある日、気がついた。

聖人君子にあらず、凡愚の身であり、欲深く、欲張り、強欲の人生行路を捨て切れない凡夫の自覚に或る日目覚めた。

さすがに古希を超え、自分に厳しく、ひかえめで、でしゃばらない謙虚さを美徳と考えられるようになった。若い時には、気づかなかった。

先人賢哲の言葉名言がある。

「自らの信仰を得ねばならぬ」デカルト

「認識即理解なり」アリストテレス

「真の教育者は宗教家なり」ペスタロッチ
門松をくぐるごとに年齢と共に気づく大切な事柄があることを悟るわれらの人生である。

人間関係の礎

離婚が多く、夫の不倫等の家庭崩壊を多々目にする現代社会の夫婦、それに伴う家庭のその病理に語りかけているかの如くの水辺に泳ぐ鴛鴦（おしどり）の二羽の睦まじいかわいい光景が目に映る。

鴛鴦は水鳥の一種、カモに似て雄には冠（かんむり）のような飾り羽があり、羽のいろは美しく、カップルの雄が雌に近づく雄たちを撃退し、強い雄が仲良く雌の子育てを手伝う。

雄は一途に他の雌に見向きもしない。

いつも仲の良い円満な家庭は、鴛鴦夫婦として知られている。

口うるさいやかましい人、口の重い言葉数の少ないあまりしゃべらない人、口の堅い言ってはいけないことは言わない人もいる。

口八丁手八丁の人、口が軽く口をすべらす、言ってはいけないことをうっかりしゃべる。

口が軽い、不用意にしゃべって秘密を人にもらす人、人は多種多様、百般である。

人の悪口は禁句である。猫は決してしゃべらない。

壁に耳にあり。ものの言い方によって、その反作用もある。本人に伝わり、不和の種に必ずなる。

和をもって尊しとなす。日本の夜明けに聖徳太子が語られた和敬の心は、逆わらず、反遵することを慎み、和を尊ぶ。仲良きこと、非戦の誓いが大切と諭す。

「和顔愛語（わげんあいご）」と仏教語は語るが、和やかな顔、やさしい言葉づかいが大切と語る。

猫はしゃべらない、だからかわいい家族の一員である。

人と人との間の人間の暮らしには人間関係論があろう。

人は言語を持つが、その言葉にも「口は禍の門」口から出た言葉、うっかり言った言葉が災いを招くこともある。言葉に気をつけろ！

今も「口は禍のもと」と先人は諭している。

山荒らし

ウサギくらいの大きさの小型の動物、山荒らしは、胴体、尾っぽに太く、長く、固い針のような毛がある。

それがゆえに仲の良い2匹の山荒らしは互いに近寄るとチクチクと針毛の痛みを肌に感じ、不快極まりない生活であった。

そこで山荒らしの夫婦、兄弟姉妹は考えた。あまり双方が近寄りすぎると毛針がささりチクチクして不快である。少し距離を置いて暮したら大丈夫ではないか。

夫婦も兄弟姉妹も人と人との人間関係も山荒らしの教訓、智慧が快適な生活をもたらす。

「人間関係論」の基礎である。

人命軽視の現代社会の風潮にあって、大切なものはたくさんあるが、命ほど大切なものはない、生命の尊さ、生命への畏敬は譲れない大切な皆の共通の思想であろう。

子どもの虐待も見られる世の中である。

人の痛みを自分の痛みとして感じられる人に育つこと。早期発見、早期対応、早期治療を施し、救える命を救うことこそ、人の道であること等々、日々学ぶことも多い。

隠して秘密にしておいた方がよい事柄も暴露してしまったかな、と心配することもある人生である。

第三節　命の尊さ

第一項　苛(いじ)めは今日も社会問題

毎週土曜日、車で三十分ぐらいの所に住む長女と子供２人（中学生の長男、小学生の長女）、私の孫たちがわが家によく遊びに来る。

母親の実家は、子供たちにとって猫のぼんちゃんとも遊べて楽しいところらしい。

「おじいちゃん、おばあちゃんの所が大好き」と孫は自分の好物も食べられるし、時々、おこずかいももらえる。

おじいちゃんが、能登や那須リゾートにも遊びにつれていってくれる。一緒に旅行につれていってもらいたいのか、お世辞も上手になった。

多分、孫たちにとって、母親の実家は居心地がいいらしい。

その孫たちがある日、何かを見つけた。

私共の小学校の同窓会の写真の入ったファイルである。

「あ、宣ちゃんの書いた日記だ」とノートを開き、その日記を読み始めた。

多分、千葉市寒川小学校二年生の夏ごろの日記で、学級委員をして色々悩んでいる頃の日記のようだった。

八月二十二日
みんな知らないだろうけど　宣子には　友達がいない
みんな知らないだろうけど　この私にも　好きな人がいる
宣子は　いじっぱり　でしゃばり　なきむし　そんなの
そんなのわかっている　でも　なおせないんだよ
私はみんなに　にくまれている　ある人は　たいどであらわす
ある人は　わる口をいって　あらわす
どこが　わるいのか　わからない　いってくれなきゃ　いってくれなきゃ

わかんないよ
宣子だって　ふつうの子といっしょだよ　いっしょになりたいよ
いっそう　好きな人ばらして　委員長やめようかなって思った
ゴメンネ　みんな　ゴメンネ　みんな

私に勇気があったら　勇気があったら
勇気さえあれば　手紙でもいい
電話でもいい　自分の口からでもいい
一言「私のどこがきらいなのか、
そこをなおしたい。だから　言ってほしい。」
と言いたい。やっぱり死んで
ゆめで苦しめて　現実に出て　私の苦しみ
悲しみ　同じように　味あわせてやろうか
どんなに　みんなのために泣いたか

みんな　しらない
私が死んだって　竹内さん　村上さん
保科さんが　よろこぶだけだし
母のぎせいになる　弟達がかわいそう
いっちゃんが　私は　にくめない
どんなに　いじめられても　どんなに
悪口を言われても　だって　いっちゃんと
私は同じだもの。同じ一人ぼっちだも。
1年生の時から　仲良しだった。
けんかしても　すぐ　仲良しにもどった。
そのころは　みんな私もいっちゃんも好かれた。

九月二日　水よーび
今日も武内さんのいやがらせにあった。

このまま　いけば　私は　自殺するかもしれない。
でも　私が死んだって、世の中には私みたいな
人がまだいる。世の中がかわるわけでもない。
学校から帰れば　じゅくとピアノに追いまわ
され、母がピリピリしている顔と声。
学校では　竹内さん　村上さん　保科さん
からいやがらせをうけ、そして　友達にきめ
れれているということを　いろいろ　なやむ。
みんなの前で私の悲しみ　苦しみ　言って
やりてー　くらいだよ　もうやだよ
心の底にためておくのもうやだよ
はちきれそうだよ　言いたい言葉が。

九月三日　木よーび

今日は　いやがらせが　なかった　よかったけど
つらいなぁー。

東大大学院修士号の学位を得て、オーストラリアのゴールドコーストに留学している子育て中の三人の母親の私共の二女の小学校三年生の頃の日記を見て、長女の娘の私の孫は「私と一緒だ」と安堵の声を出し、微笑んだ。

私共の娘長女である母親は「宣ちゃんは強いよ」と子供たちに語っていた。

七人の子育てに夢中だった私共も、いじめのことは今日まで全く知らなかった。

多分、クラス担任の先生も御存知なかっただろう。

日記を目にし、こういう状態でいじめが子供の世界にあることを今頃気づいた。元気に成長し、楽しみを与えてくれた娘二女に感謝している。

その頃、学区の中学校は大荒れだった。

昔、漁師の多かった港に近い地域で、よく中学校の窓ガラスが割られた。

そこで二女は、私立の国府台女子学院の中等部へ電車通学する進路を選んだ。

女子教育の厳しい躾を校風とする学園の教育方針に悲鳴をあげることもあったが、中学生活は、中位の成績だった娘は、高校に入学すると学力は抜群に向上した。

「勉強の仕方が分かった。怠けると下がる。がんばると成績はあがる」

こう語り、国語、英語は県全体のテストでは一位を二回、二位を一回と実力を示した。理数系は父親の私に似て青点のこともあった。「父親に似ていやだな」とよく語った。

高校二年生の時、学校からの留学の希望者に手をあげ一年間、ハワイでホームステイ留学生活を経験した。

途中で帰国する同級生もいたが、一年間何とか無事に過ごしよくがんばった。帰国して三年生に復学した。

ハワイではいじわるな二人の子供がいて、メイドがわりの生活、朝早くバスに乗り通学、大変だったらしい。

ショートストーリー『靴のぬげない子』で、全米一位の賞をもらった報告もあった。そのお蔭もあって三年生復学時、英語力は高校の英語担任の教師より秀れていて、恩師も少々嫉妬気味、やりにくそうだった。

本人の希望もあり大学はＩＣＵに進んだ。

仏教徒なのだから国際基督教大学進学を、寺の住職である私はいい顔をしなかった。

「お父さん知らないの、ＩＣＵは私学の東大だよ」と私に説明した。

大学では本人の希望で探検クラブに所属し、学生生活を楽しんだようだった。

卒業後、母親に大学院進学を進められ、東大の大学院に挑戦した。東大大学院入試合格は、英語力に加え第二外国語フランス語ができたからとの評価であった。宗教哲学を専攻し、東大流の厳しい指導のもとイギリスの図書館にも出向き、日本人妻のフランス人大学教授に紹介されて、フランスの病院のホスピスケア等も学び、修士論文を完成させ学位を得た。

語学が達者でオーストラリアの生活が快適らしく、母親として今は三人の子育てにがんばっている。

そう言えば孫たちも東京在住の頃、インターナショナルスクールに通い、いじめに遭い悩んでいた。どうも、オーストラリア留学の背景に苛めがあったのかな。

カナダブリティッシュコロンビア大学等にも訪問し、留学も検討していたが、オーストラリアが気に入ったらしい。

いじめ問題は昔もあった。今日も社会問題の一つである。

娘の小学校時代の日記を見て苛めは昔からあったのだなと、思った。気がつかなかった。

早く日本に帰国して孫たちに会える日を楽しみに待ち望んでいる。

第二項　生命の価値

私の母は、三十九歳の時、高齢出産、体も弱く、医師に止められたそうであるが、兄、姉、妹と三人兄弟の四番目として私の出生を望み、私は望まれてこの世に誕生した。

母のおなかの中で臍(へそ)の緒(お)を首に巻き付け、茶白色の未熟児で誕生した私は、産声をあげなかったという。

羊水(ようすい)を飲んでいたのだろうか、医師が逆さにつるして、背を叩き、やっとのこと「おぎゃあ」と産声をあげたという。

お腹の中で無理をしていたのであろうか。

生まれた時、首を傾け、筋肉が硬直して硬い瘤状になっていた。

母は母乳を与えるごとに毎日、堅くなった瘤を揉み、すると瘤は次第に柔らかくなり、百日程で瘤がとれて、正常になったと、よく語った。

母の愛はすごいと思う。母の愛がなかったら、私は生涯、首を傾けた人生行路を歩んでいたであろう。

「腕白坊や」の私は、誕生の瞬間から母の手をわずらわした。

「未熟児の私を健常な子に育てたい」母の親心、慈愛の中で育ち小学校六年生の時には、健康優良児（愛知県挙母市第一位）になった。

運動大好き、運動会の部落対抗リレーで活躍もした。私が走るとチームは必ず優勝した。走るのは誰よりも早い子供だった。

若き日、母は私に、母の父、井上薫成師の話をよく聞かせた。本山の御達忌の説教を担当し、生涯、廃仏毀釈で廃寺となった寺等を、信徒の力にて復興し、寺を七カ寺建立し、布教に当たった。その生き方を私に継承してほしい願いを語った。

従兄弟の井上文克氏は、薫成師復興のその寺、妙心寺の後継住職で、九十才で往生の素懐（かい）を遂げた。幼児教育に熱心であった私に大切なことをたくさん教えてくれた住職だった。三カ寺程の寺の建立話を文克住職は私に聞かせたが、母の言葉は概ね間違いのない贈る言葉であったと思う。母は、わが家が、お寺とご縁の深いこと。願わくば、若き日の私に父薫成師の如く生き方を望んだのだろうか。

近頃私は、母の示したわが家の伝統の道に生きているような気がする。

年老いた母は、子供はお金には変えられない大切な生命であるが、一人一億の値打ちがある、と子供の大切さ命の尊さ、存在価値を私によく語った。

そう言えば、中国旅行の際、国内線飛行機には百万円程の生命保険がかかっていて、命の安さに驚天動地したが、日本人感覚では、母の言う通り、子供の命は、億単位の価値があるだろう。一人子供がいれば一億。三人いれば三億である。

出産という大きな意義ある仕事を母親である妻がしたことになる。わが家には七人の子供がいる。

それ程人の命は尊く、価値があるよと語っていたことを思い出す。

人の命は尊い。子供は大切と語った母の言葉は忘れられない。それは母とのある日の生前のお茶の間の談義であった。

第三項　猫ちゃんの癒し　アニマルセラピー

子猫の盆ちゃんが、わが家にやって来たのは五年程前の、お盆であった。

世田谷の竹やぶ生まれ、母猫は育児放置か見当たらない。

三匹の子猫は「ニャー、ニャー」と泣いていたという。

娘の宣子さんが子供たちを学校に送る途中、竹やぶで泣く、生まれたばかりの子猫を見つけた。

子供たちを小学校に送り届け、帰路、見ると一匹の猫だけがそこで「ニャーニャー」と元気よく泣いている。

カラスが電柱のところに居て、どうやら二匹はカラスの獲物になってしまったらしい。

「助けなきゃ。大変だ。カラスに食べられてしまう」

思わず抱きかかえ、ペットショップでミルクとスポットを買って、自宅につれて帰って、喜ぶ子供たちとミルクを与え、子猫の飼育を始めた。

一ヶ月程、三人の子供たちは、よく子猫の世話をした。夜中、子猫はお腹をすかして「ニャーニャー」と泣き、寝かせてくれない。

一度ならともあれ、二度三度と起こす。

「夜寝られない、寝かせてくれない。お母さん、子猫を見て」と、実家のお寺に子供たちと共に、かわいい子猫を籠に入れてつれて来た。

動物好きの僧侶の弘宣さんが「かわいい！」お盆にお寺に来たから「〝盆ちゃん〟にしょう」と命名、お寺に暮らし始めたのが、猫の盆ちゃんの寺院生活物語の始まりである。

その頃、十数年、阿弥陀寺で暮らした先輩猫「アポちゃん」がいた。

あんなに元気だったアポちゃんだったが年をとり、寺の階段も登れぬ状態になり、皆にかわいがられた。夜遊びをして本堂の屋根から部屋に入れてとよく泣いていたが、老衰で往生の素懐をとげた。悲しかった。

アポちゃんと入れ替わりで新人の子猫の盆ちゃんが私共家族と共に暮らすことになった。

住職の基礎年金の一部が餌代に当てられる程よく食べる。キャットフードも豪華でだんだん贅沢になり、お刺身が食卓にでるならば必ず「ニャー」と要求する。

トロは特に大好きで、一切れを満足気に食べる。お腹がふくれると、ベッドで昼寝の時間。よく眠る。

見ていると猫はやることがないらしい。

今日はこの事を行おうという日々の暮らしに目標がないので、食後は昼間もよく眠る。

そう言われてみれば、人間もやることがなければうとうとと眠ってしまう。

だんだん猫に似てくるようにも思える。

しばらく暮らすと言葉も理解するようになった。グー、チョキ、パーと大好きなチーズを用意して、いろいろと教えるとよく覚える。

人のお腹の上に乗ってペロペロと舌で手や体をなめる。坊守が猫好きなので「餌(えさ)」当番である。

子供たちも猫がかわいいと、ペットフードをよく買って来てくれる。

いつの間にか家族の一員となった。

オーストラリアに子供共々留学、一時帰国した宣子さん一家と久しぶりに面会した盆ちゃんは、命の恩人であることは忘れている。

寺に来てしばらくは、盆ちゃんは敏感で周囲の音にも用心していた。

次第に安心感を得て通常になったが、兄弟がカラスに食べられた悲劇を知るかの如く神経質だった。

「盆ちゃんの命の恩人との対面だよ」と言っても「フゥー」と初対面の警戒じみたご挨拶をする。命の恩人であること、その御恩は理解できず、どうやら「恩知らず」と言われそう。そんな住職の言葉に「そんなこと言っても可愛そう。猫なんだから」と坊守は猫の味方をする。

お世話になった人の御恩や命を助けてくれた命の恩人などという思想は猫の世界にはないらしい。

食事の心配もいらない。ベランダのトイレには猫用出入口、小窓から自由に出入りをする。躾も身についていて清潔である。

水は嫌いで入浴はせぬが、隙があれば毛づくろいをし、美しい毛並みを保っている。

夜は御主人のベットに先まわりをし住職を待って、一緒に寝る。

冬は寒いのでお布団の中にもぐり込む。湯たんぽのように暖かく、しばらくすると一緒に睡眠となる。

住職がトイレに行くと、ドアの前で待っている。

寝起きの共同生活である。

朝早く、お湯を茶碗に一杯口にするのだが、こっそり住職の膝の上に一人占め、手をペロペロ嘗める。満足すると膝を離れる。しっこいのは嫌がる。わがままな性格である。

孫たちはお寺に遊びに来ると、まず盆ちゃんを探す。盆ちゃんが大好きである。

いじくりまわすので最初の頃は身を隠した。子供たちが帰るとひょっこりと何処から姿をあらわす。

最近は子供たちも成長し、しっこくせぬので目を細めて一緒にいる。

子供たちには言葉はしゃべれないが、ニャンコはいいお友達、おもちゃ以上の魅力がある存在らしい。

最近はアニマルセラピーといって動物の癒しが治療効果をあらわす。

そこで老人ホーム等でも家族の一員として存在を認め、同室を認める傾向にある。

淋しいのというペットの上のロボット君を楽しむ人がいるが、ペットの癒し、セラピーが注目され始めている。

秘密を他言せぬし、裏切らない動物君の癒しの役割を果たす家族の一員として認められる風潮が強い。

子供の愛情を育てるし、夫婦に話題を与え、癒しを与える。

人間性の回復にも効果的である。

犬は散歩を必要とするが、多忙な人にとっては猫との同居はおすすめである。

子供は犬猫のみならず、動物君たちが大好きである。

小動物園が人間回復の癒しになる。人と人との間の動物とのふれあい物語である。

あとがき

新型コロナウイルスの世界的な感染拡大により東京オリンピックも一年延期となり、日本列島には「緊急事態宣言」更には「特定警戒都道府県指定」感染予防警戒が出され、人との接触、stay home、自宅滞在の生活の奨励となった。

県境越えも自粛を求められ、旅行や温泉にも行けず、警戒解除の日迄、日々の暮らし方に創意工夫を求められる状況となった。

なるべく外出、人との接触を控えてという、自粛生活にあって、この人生の一齣をどうすごすかという課題に直面した。

思えば、人間がこの世に生きられる時間は決まっている。すべての生き物に与えられた寿命には定めがある。老病死の人生構想に変わりはない。

二人称、三人称で考えていた老病死、一人称の老死も誰の人生にもある。

存在の真実である一人称の人生の終焉を意識して、残された人生をいかに充実した期間としてすごすか。日々の課題である。

一層知らなければ知らないで済んだ方が良かったのではなかろうか、と思いつつも、死の淵をのぞき込み、人生の真実を知ってしまった以上、願いは生死度脱の般若の智慧の希求となるであろう。

生死の人生を如何にして度脱できるか。

先人たちも人生の重要テーマに悩み、課題解決の叡智、本弘誓願（ほんぐせいがん）、本願力の覚醒、永遠なる生死度脱の道を悟り親鸞は「本願力にあいぬれば むなしくすぐる人ぞなし」と和讃で示し、晩年九十才で入滅迄正覚の道に専念する。

これからの弥陀加護の人生行路は、耳も遠くなり、目も見えにくくなり、歩行も困難になりがちな、長寿高齢という未知の年令の領域の人生を経験することになる。

私はあと何年生きられるであろうか。時々そんなことも思う。

そんな思いも手伝って、大切な人生である。コロナ感染拡大防止、ステイホームの期間に何をしようか。その回答が、本著論述の日々であったとも言えそうである。本著誕生にはこのような経緯がある。

子供や孫たち、学校教育にたずさわる人たちに「人は育て方ひとつ」という先人の教訓が、贈る言葉となれば、著者にとって願ってもない幸いである。
本著出版に当たりお世話になった先代の山喜房佛書林社主に引き続き吉山利博社主にお世話になった。心から感謝の意を表したい。

令和二年五月十七日

令和教育研究所研究室にて著者識す

著者略歴

宇野　弘之（うの　ひろゆき）
1944年　愛知県生まれ。宗教哲学者
1969年　東洋大学大学院文学研究科修士課程修了
1972年　同大学院博士課程でインド学仏教学を専攻研鑽
【宗教法人】浄土真宗　霊鷲山　千葉阿弥陀寺住職
千葉市中央区千葉寺町33
【学園】阿弥陀寺教育学園・宇野学園理事長・湖海学園理事長

主な著作

『大無量寿経講義』『阿弥陀経講義』『観無量寿経講義』『正信念仏偈講義』『十住毘婆沙論易行品講義』『釈尊に聞く仏教の真髄』『盂蘭盆経を読む　彼岸への道』『極楽浄土念仏往生論』『如来二種廻向文』を読む『唯信鈔』を読む『国家Identity人命救助論序説』『浄土文類聚鈔』を読む『日本仏教民衆救済史』『孫・子の世に贈る仏教入門』（山喜房佛書林）、『孫・子に贈る親鸞聖人の教え』（中外日報社発行、法蔵館発売）、『蓮如　北陸伝道の真実』『蓮如の福祉思想』『蓮如の生き方に学ぶ』（北國新聞社）、『「心の病」発病のメカニズムと治療法の研究』Ⅰ、Ⅱ、Ⅲ『親鸞聖人の救済道』『晩年の親鸞聖人』『無宗教亡国論』『恵信尼公の語る親鸞聖人』『ストップ・ザ・少子化』（国書刊行会）

大乗仏教の教育実践
よく学びよく遊べ　おもいやり教育論
人は育て方一つで育つ

2020年9月10日　初版発行

著　者　　宇　野　弘　之
発行者　　吉　山　利　博
印刷者　　小　林　裕　生

発行所　株式会社　山　喜　房　佛　書　林
〒113-0033　東京都文京区本郷5-28-5
電話03-3811-5361　FAX 03-3815-5554

ISBN978-4-7963-0519-8　C1015